Da war doch mal mehr

Wie ich mein Leben neu mit mir verhandeln musste

Lina Herlen

IMPRESSUM

Autorin: Lina Herlen

Verantwortlich gemäß § 5 TMG / § 55 RStV: Lina Herlen

ISBN: **978-3-8192-0073-1**

Verlag: BoD · Books on Demand GmbH, Überseering 33,

22297 Hamburg, bod@bod.de

Druck: Libri Plureos GmbH, Friedensallee 273,

22763 Hamburg

WIDMUNG

Für dich.
Für ihn.

Nicht, weil es mit uns ein Happy End gab,
sondern weil du mich an mich selbst erinnert hast.
Du hast etwas in mir berührt, das lange geschwiegen hatte.
Du hast meine Augen wieder geöffnet,
mein Herz wieder schlagen lassen,
meine Seele wieder tanzen lassen.

Auch wenn du gegangen bist – du warst da.

Und dafür danke ich dir.

INHALT

Da war doch mal mehr

WARUM ICH DIESES BUCH SCHREIBE

Ich schreibe dieses Buch nicht, weil ich alle Antworten habe. Sondern weil ich lange keine hatte. Ich schreibe es, weil ich mich selbst fast verloren hätte – zwischen Alltagsplänen, Terminen, Pflichten und einem leisen Gefühl von Leere.

Ich war eine von vielen. Eine Frau, die alles im Griff hatte. Dachte ich. Ich organisierte Geburtstage, erledigte Arzttermine, wischte Tränen weg und stand im Supermarkt, während mein Kopf To-do-Listen abarbeitete. Mein Kalender war voll – mein Inneres oft leer. Und je besser ich funktionierte, desto unsichtbarer wurde ich für mich selbst.

Die Momente, in denen ich innehielt, wurden seltener. Denn wenn ich innehielt, hörte ich es: dieses leise Pochen unter meiner Oberfläche. Ein unbestimmtes Sehnen. Keine Katastrophe, kein Drama. Nur das stille Wissen: Das, was ich lebe, ist nicht alles, was in mir steckt.

Ich weiß nicht mehr, wann genau ich angefangen habe, mich selbst zu übergehen. Vielleicht war es schleichend. Vielleicht war es, als ich mein

erstes Kind bekam und plötzlich alle Welt nach seinem Befinden fragte —
aber niemand nach meinem. Oder als ich anfing, meine Bedürfnisse hinter
dem Wort „vernünftig" zu verstecken. Vielleicht war es der Moment, in
dem ich aufhörte, für meine Träume einzustehen, weil der Alltag mich so
sehr brauchte.

Ich wusste nicht mehr, wie ich mich anfühlte, wenn ich keine
Erwartungen erfüllen musste. Ich war Tochter, Ehefrau, Mutter, Kollegin,
Nachbarin – aber ich war kaum noch ich. Wenn mich jemand gefragt hätte,
was ich mir wirklich wünsche, ich hätte keine klare Antwort geben können.
Nicht, weil ich keine Wünsche hatte. Sondern weil ich sie mir abgewöhnt
hatte.

Und dann kam dieser eine Mensch. Kein Sturm, kein Drama. Nur ein
Blick, der mich erinnerte: Da ist mehr in mir. Etwas, das lange geschlafen
hatte. Etwas, das gesehen werden wollte. Nicht von ihm — sondern von
mir.

Sein Blick war wie ein Lichtstrahl in einen Kellerraum, den ich längst
vergessen hatte. Er hat nichts verlangt. Er war einfach da. Und auf einmal
begann in mir etwas zu beben. Eine Ahnung davon, wer ich noch sein
könnte. Oder vielleicht: wieder sein könnte. Plötzlich spürte ich mich.
Nicht mit den Händen. Sondern mit der Seele.

Dieses Buch ist meine Geschichte. Aber vielleicht ist es auch deine. Es
ist ein ehrlicher Blick in das Innenleben einer Frau, die immer stark sein
wollte und dabei vergessen hat, wie es ist, sich selbst zu spüren. Es geht
nicht um Affären oder Schuld. Es geht um uns. Um all die Frauen, die

gelernt haben, alles zu halten, aber nie gehalten wurden. Um die, die abends weinen und morgens trotzdem funktionieren. Um die, die lächeln, obwohl es in ihnen tobt. Und um die, die heimlich hoffen, dass da noch etwas anderes wartet – etwas Echtes.

Ich erzähle dir von meinen Erfahrungen. Ungefiltert, nah und mit der Hoffnung, dass du darin etwas findest, das dich stärkt. Wenn du je das Gefühl hattest, dein Leben läuft an dir vorbei – obwohl du doch alles „richtig" machst – dann bist du hier richtig. Denn wir alle verdienen ein Leben, das uns gehört. Und das beginnt nicht mit einem Neuanfang, sondern mit einem ehrlichen Blick in den Spiegel.

Mit einer Entscheidung. Deiner.

Dies ist meine Geschichte. Unsere Geschichte.

KAPITEL 1:
Als ich aufgehört habe, nur zu funktionieren

Manchmal beginnt ein neues Leben nicht mit einer Entscheidung, sondern mit einem Gedanken. Einer leisen Ahnung, dass etwas fehlt. Dass das Leben, das man führt, zwar voll ist – aber nicht erfüllt.

Ich war in Bewegung. Immer. Zwei Kinder, ein Mann, ein Job in Vollzeit, ein Haushalt, ein Terminkalender, der keinen weißen Fleck kannte. Ich war die Frau, die alles organisierte. Die verlässlich war. Die mit einem Lächeln zur Verfügung stand. Ich wusste, was alle brauchten – nur nicht mehr, was ich selbst vermisste.

Wenn ich morgens im Bad stand, sah ich eine Frau, die müde war. Nicht erschöpft vom Schlafmangel, sondern vom ständigen Funktionieren. Mein Spiegelbild wirkte sauber, ordentlich, kontrolliert – aber es war, als würde ich mich selbst nicht mehr ganz erkennen. Ich fragte mich: **War das alles?**

Ich wusste, was Glück bedeuten sollte. Eine gesunde Familie. Sicherheit. Struktur. Und doch war da dieses Ziehen in der Brust. Kein Aufschrei. Kein Drama. Nur ein zartes, stetiges Flüstern, das immer dann lauter wurde, wenn die Welt zur Ruhe kam. Abends, wenn ich allein in der Küche stand, die Spülmaschine einräumte und niemand mehr etwas von mir wollte. Dann war es da: das Gefühl, dass ich mich selbst längst nicht mehr gefragt hatte, wie es mir geht.

Es waren keine Katastrophen, die mich müde machten. Es war die Summe der kleinen Dinge. Das „Mama?" im Dauermodus. Die abendliche Frage: „Was essen wir morgen?" Die nie endenden Wäscheberge, das automatische Lächeln an der Kita-Tür, während mein Inneres schrie: „Ich will auch gesehen werden." Es war, als hätte ich mich Stück für Stück selbst aufgegeben, ohne es bewusst zu bemerken.

Ich erinnere mich an eine Szene, in der ich auf dem Spielplatz saß, umringt von Müttern, Kinderlachen, Sonne. Und doch fühlte ich mich wie hinter einer Glasscheibe. Ich war da – aber nicht wirklich anwesend. Mein Körper war beteiligt, meine Seele nicht.

Und dann war da dieser eine Kollege. Einer, der nichts Besonderes an sich hatte. Keine große Geste. Kein Flirt. Aber er sah mich. Und das war neu. Er stellte Fragen, die sonst niemand stellte. Und er wartete die Antwort ab. Er erinnerte sich an Details. Und irgendwann bemerkte ich: Ich wartete auf seine Nachrichten. Auf unsere kurzen Gespräche beim Kaffee. Auf diesen Moment, in dem ich nicht „Mutter von" oder „Frau von" war – sondern einfach ich.

Am Anfang war es harmlos. Wir lachten über dieselben Dinge. Er lobte meine Arbeit, hörte zu, wenn ich über kleine Alltagsprobleme sprach – als wären sie bedeutsam. Ich gewöhnte mich an seine Aufmerksamkeit wie an ein Licht, das morgens zuerst zögerlich, dann warm durchs Fenster fällt.

Ich kämpfte mit mir. Natürlich. Ich war verheiratet. Ich war treu. Ich war vernünftig. Aber genau das war es, was mich langsam erstickte: meine eigene Vernunft. Denn mein Herz flüsterte mir etwas anderes zu.

Und ich war es gewohnt zu kämpfen. Seit ich meinen Mann kenne, hatte ich immer um ihn kämpfen müssen. Zuerst ein Jahr, bis er sich überhaupt für eine Beziehung mit mir entschied. Dann kämpfte ich darum, dass er bei mir blieb – gegen seine Zweifel, gegen seine Bindungsängste. Ich war diejenige, die an uns glaubte, die die Gespräche suchte, die Verständnis zeigte, wenn er sich zurückzog. Später kämpfte ich dafür, dass er mich heiraten wollte, für eine gemeinsame Zukunft. Und jetzt, nachdem er von meinem Kollegen erfahren hatte – selbst dann war nicht er derjenige, der um unsere Ehe rang. Wieder war ich es. Wieder trug ich den Kampf allein.

Es machte etwas mit mir. Diese Einseitigkeit. Dieses ständige Bemühen, das immer nur von meiner Seite kam. Es ließ mich irgendwann fragen: Was bin ich ihm überhaupt wert?

In einem Meeting saß ich neben dem Kollegen. Unsere Knie berührten sich aus Versehen – oder vielleicht auch nicht. Ich hätte sie wegziehen können. Aber ich ließ sie dort. Diese Berührung war so unscheinbar und doch so aufwühlend. Denn sie erinnerte mich an etwas: dass ich ein Körper bin, nicht nur eine Funktion. Dass ich eine Frau bin. Noch immer.

Er schenkte mir nichts weiter als Präsenz. Keine Forderung, keine Einladung. Nur Nähe. Und das reichte aus, um in mir eine ganze Welt ins Wanken zu bringen. Ich ertappte mich dabei, mein Outfit bewusster zu wählen, wenn ich wusste, dass wir uns sehen würden. Ich fühlte mich lebendig. Wacher. Weiblicher. Und gleichzeitig voller Schuld.

Es war, als hätte jemand ein Fenster geöffnet. Nicht, um mich zu befreien, sondern um mich an frische Luft zu erinnern. An ein Leben, das nicht nur aus Pflichten bestand.

Es dauerte Wochen, bis ich mir eingestand, dass ich mich in ihn verliebt hatte. Es war keine Hollywood-Romanze. Es war leise, sehnsüchtig, zaghaft. Und gleichzeitig so intensiv, dass ich nachts wachlag und seine Worte im Kopf drehte wie ein Gebet. Ich ertappte mich bei Fantasien, die ich mir nicht erlauben wollte. Ich erschrak vor mir selbst – und war gleichzeitig dankbar, wieder etwas zu fühlen.

Ich begann, Tagebuch zu schreiben. Kein „Liebestagebuch", sondern ein Notizbuch, das ich mit Fragen füllte. Warum spüre ich mich bei ihm – aber nicht mehr in meinem Zuhause? Warum halte ich so viel aus, ohne je zu sagen: „Ich kann nicht mehr"? Warum erlaube ich mir selbst nicht, unglücklich zu sein?

Es war nicht seine Nähe, die mich befreit hat. Es war mein Mut, mich selbst wieder wichtig zu nehmen. Rückblickend weiß ich: Er war nicht die Ursache meiner Unzufriedenheit. **Er war nur der Auslöser.** Das Symbol für eine Wahrheit, die ich lange verdrängt hatte: Ich war eine Hülle in Bewegung. Ich hatte alles gegeben – und aufgehört zu empfangen.

Es folgte eine Phase der Unruhe. Ich versuchte, mich zusammenzureißen. Meine Ehe zu retten. Mich in Dankbarkeit zu üben. Ich sagte mir, dass niemand perfekt sei, dass Liebe Arbeit bedeute. Und doch blieb dieses innere Ziehen. Ich beobachtete Paare auf der Straße und fragte mich, wie viele von ihnen nur nebeneinander herlebten. Ich suchte Bücher über erfüllte Partnerschaften, las über Resilienz, über Achtsamkeit, über Vergebung. Doch nichts berührte den wunden Punkt in mir: Ich war fremd in meinem eigenen Leben geworden.

Ich erinnere mich an ein Gespräch mit einer Freundin. Ich sagte: „Ich weiß gar nicht mehr, ob ich ihn liebe – oder nur das Bild von uns." Und sie schwieg. Weil sie verstand. Weil sie dieselbe Leere kannte.

In einem besonders dunklen Moment fuhr ich abends einfach los, ohne Ziel. Ich parkte am Waldrand, ließ das Fenster offen und weinte. Ich weinte um das, was ich verloren hatte. Um die Leichtigkeit, um die Frau, die ich einmal war. Und ich weinte, weil ich nicht wusste, wie ich sie wiederfinden sollte. Ich dachte an all die Jahre, in denen ich um ihn gekämpft hatte – und wie wenig davon je zurückkam. Ich war müde. Nicht vom Leben. Sondern vom Alleinsein zu zweit.

Vielleicht begann mein Weg zurück genau dort – in einem Auto, mit salzigen Wangen und leerem Blick ins Dunkle. Ich wusste nicht, was ich wollte. Aber ich wusste, dass es so nicht weitergehen konnte.

Also begann ich, kleine Schritte zu gehen. Ich erlaubte mir, Dinge zu fühlen, die ich vorher verurteilt hätte. Ich sprach mit Freundinnen – ehrlich, nicht perfekt. Ich ging allein spazieren, ohne Ziel, ohne Kind, ohne

Verantwortung. Ich setzte mich auf eine Parkbank und schrieb auf:

Wer bin ich, wenn niemand etwas von mir will?

Diese Frage hat mein Leben verändert.

Ich fing an, meine Bedürfnisse nicht mehr sofort zu relativieren. Ich sagte laut: Ich bin müde. Ich will eine Pause. Ich brauche Raum. Und das war nicht egoistisch – es war überlebenswichtig.

Es war ein schmerzhafter, langsamer Prozess. Ich wurde nicht über Nacht frei. Aber ich wurde wacher. Ich begann, Grenzen zu setzen. Ich hörte auf, mich dafür zu entschuldigen, dass ich nicht alles schaffe. Ich lernte, Nein zu sagen – auch zu meinem Mann. Vor allem zu meinem Mann.

Denn ich erkannte, dass Liebe nicht bedeutet, sich selbst aufzugeben. Und dass eine Beziehung, in der immer nur einer kämpft, irgendwann zur Erschöpfung führt.

Vielleicht ist das der wahre Wendepunkt gewesen: Nicht, dass ich mich verliebt habe. Sondern dass ich aufgehört habe, mich selbst zu vergessen.

Und irgendwo in diesem inneren Aufbruch begann ein neues Leben. Nicht laut. Nicht dramatisch. Aber echt.

Reflexionsfragen

- Welche Rolle spielst du gerade am lautesten? Und welche ist fast verstummt?
- Wann hast du zuletzt etwas nur für dich getan – nicht, um jemand anderem zu gefallen?
- Wenn du heute ganz ehrlich zu dir wärst: Was vermisst du am meisten?

Mini-Impuls: Die Ich-Zeit

Nimm dir in dieser Woche einen Moment nur für dich – ohne Zweck, ohne Ziel. Geh spazieren, schreib dir einen Brief oder tu etwas, das du früher geliebt hast. Beobachte, was sich zeigt, wenn du einfach nur bist

KAPITEL 2:
Die Macht der kleinen Berührungen

Es war nie ein Plan gewesen, dass ich mich jemand anderem zuwenden würde. Treue war für mich nie ein Konzept, sondern selbstverständlich – ein Teil meiner Identität. Die überzeugt war, dass Beziehungen nicht durch Zufriedenheit bestehen, sondern durch die Bereitschaft, füreinander zu arbeiten. Ich war diese Frau – stark, verlässlich, loyal. Aber ich war auch die Frau, die sich selbst immer wieder zurückgestellt hatte, bis ich irgendwann nicht mehr wusste, wie sich Nähe eigentlich anfühlen sollte. Echte Nähe. Nicht das Aneinanderstoßen zweier Leben, sondern das Ineinandergreifen zweier Seelen.

Berührungen waren in meinem Alltag selten geworden. Nicht die praktischen, schnellen Umarmungen zum Abschied oder das flüchtige Streifen im Vorbeigehen. Ich meine die andere Art von Berührung. Die, die nicht nur die Haut meint, sondern das Herz. Die, die ohne Worte sagt: **Ich sehe dich. Ich will dich. Du bedeutest mir etwas.**

Diese Berührungen – die warmen, bewussten, echten – waren verschwunden. Vielleicht nicht plötzlich, aber sicher. Und das Verschwinden hatte Spuren hinterlassen, die ich erst viel später wahrnahm.

Ich erinnere mich an einen Abend, an dem ich mit meinem Mann auf dem Sofa saß. Wir saßen nebeneinander, unsere Körper vielleicht 30 Zentimeter voneinander entfernt. Und doch lag eine Distanz zwischen uns, die mit keinem Maßband der Welt zu fassen war. Ich kann nicht sagen, wann genau sie entstanden war – nur, dass sie gewachsen war, lautlos und stetig, wie Staub auf einem Bilderrahmen. Zwischen Arbeit, Kindern, Terminen und Müdigkeit war unsere Verbindung dünn geworden wie ein Faden, der irgendwann reißt, ohne dass jemand daran zieht.

Es gab keine großen Streitigkeiten. Keine Dramen. Nur das leise Verschwinden der Intimität. Die Selbstverständlichkeit der Nähe wich einem höflichen Nebeneinander. Wir funktionierten. Als Eltern. Als WG-Mitbewohner. Als Projektpartner im Haushalt. Aber nicht mehr als Liebende.

Als mein Kollege mich zum ersten Mal zufällig am Arm berührte, erschrak ich fast. Es war nichts Besonderes. Nur eine beiläufige Geste, während wir gemeinsam etwas in einem Meeting klärten. Aber in mir brannte es plötzlich. Nicht körperlich. Innerlich. Es war, als hätte jemand Licht in einen Raum geschaltet, den ich längst verlassen hatte. Ich hatte vergessen, wie es sich anfühlte, wirklich gespürt zu werden.

Nach dieser Berührung konnte ich kaum schlafen. Ich lag da, starrte an die Decke und fühlte mich wie ein Teenager – nur ohne die Unschuld. Ich schämte mich. Nicht nur wegen der Berührung. Sondern weil sie etwas in mir weckte, dass ich für tot gehalten hatte. Ich sehnte mich nicht nach Sex. Ich sehnte mich nach einem Moment, in dem ich nicht gebraucht wurde – sondern gewollt.

Die nächsten Wochen waren ein Tanz zwischen Nähe und Rückzug. Ich achtete auf jede Bewegung, jedes Wort von ihm. Ich lachte über seine Witze – vielleicht zu laut. Ich stellte Fragen – vielleicht zu interessiert. Und doch war nichts davon offen ausgesprochen. Alles blieb in der Schwebe. Vielleicht genau deshalb fühlte es sich so intensiv an. Alles, was unterdrückt wird, wächst. Alles, was verborgen bleibt, bekommt Tiefe.

Mein Körper reagierte auf Dinge, die ich längst nicht mehr wahrgenommen hatte. Mein Puls beschleunigte sich, wenn ich seine Stimme hörte. Mein Blick suchte ihn im Raum. Ich fühlte mich plötzlich wieder wie eine Frau – nicht wie eine Funktion.

Ich begann, die Welt um mich herum mit anderen Augen zu sehen. Ich bemerkte die Distanz in meinem eigenen Zuhause. Die Art, wie mein Mann mich flüchtig auf die Stirn küsste, ohne wirklich hinzuschauen. Die stummen Gespräche, die wir führten, in denen Worte gesprochen wurden, aber keine Verbindung entstand. Ich stellte fest: Ich war ständig in Kontakt – aber fast nie in Verbindung.

In einem Moment, der mir bis heute nachgeht, beobachtete ich meinen Mann dabei, wie er am Handy scrollte, während ich ihm etwas erzählte. Ich sprach weiter, testweise, sinnlose Sätze, um zu sehen, ob er es bemerkte. Er nickte nur. Und ich dachte: So müssen sich Geister in ihren alten Häusern fühlen. Anwesend, aber unsichtbar.

Ich fragte mich, ob ich zu viel erwartete. Ob es vermessen war, sich nach echtem Kontakt zu sehnen. Aber irgendwann begriff ich: Es geht nicht um Schuld. Es geht nicht darum, jemandem etwas vorzuwerfen. Es geht um die eigene Wahrheit. Und meine Wahrheit war: Ich war berührbar. Ich war verletzlich. Und ich wollte gesehen werden – nicht für das, was ich leistete, sondern für das, was ich war.

Die Gespräche mit meinem Kollegen wurden tiefer. Wir redeten über Bücher, über Musik, über Träume. Er fragte mich einmal, was ich geworden wäre, wenn ich keine Kompromisse gemacht hätte. Ich stockte. Nicht, weil ich die Antwort nicht wusste – sondern weil ich mich so lange nicht mehr gefragt hatte, was ich eigentlich wollte. Es war, als würde man nach Jahren die Tür zu einem alten Zimmer öffnen – und sich erschrecken, wie viel Staub sich angesammelt hat.

In seinen Fragen lag nichts Spielerisches. Kein Test, keine List. Nur echtes Interesse. Und das war es, was mich am meisten erschütterte: dass jemand mich sah, ohne etwas von mir zu wollen. Dass ich nicht leisten musste, um gemocht zu werden. Ich durfte einfach nur sein.

Wir berührten uns mehr als nötig. Einmal die Hand auf dem Rücken, wenn wir einen Raum betraten. Einmal ein kurzer Griff ans Handgelenk, um etwas zu zeigen. Nichts davon grenzte an eine Affäre – und doch war alles davon verräterisch. Für mich. Für mein Inneres. Es war die Spannung zwischen dem, was nicht ausgesprochen wurde, und dem, was längst da war.

Ich begann zu träumen – nicht nur von ihm, sondern von mir. Von der Frau, die ich einmal war. Von der, die ich vielleicht wieder werden könnte.

Diese innere Bewegung machte mir Angst. Denn sie bedeutete Veränderung. Und Veränderung bedeutete: Ich konnte nicht länger so tun, als wäre alles gut. Ich konnte nicht länger ignorieren, wie leer ich mich in meinem Alltag fühlte. Ich konnte nicht länger hoffen, dass sich von außen etwas änderte. Ich musste anfangen, ehrlich zu mir zu sein.

Ich begann, körperlich aufmerksamer zu werden. Nicht im erotischen Sinne – sondern im Sinne von Selbstwahrnehmung. Ich achtete auf meine Atmung. Auf meine Schultern, die oft verspannt waren. Auf mein Herz, das in seiner Enge klopfte, wenn ich zu lange gegen mich selbst lebte. Ich legte mir kleine Rituale zu: Jeden Morgen stillsitzen. Atmen. Spüren. Fragen: Wie geht es mir heute – wirklich?

Diese einfachen Routinen wurden mein Rettungsanker. Kein großer Umbruch, keine Revolution. Aber kleine, konsequente Rückeroberungen meiner selbst. Ich hörte wieder hin. Ich fühlte wieder hin. Ich nahm mich ernst.

Ich stellte mir immer öfter die Frage:

Was brauche ich?

Und was halte ich eigentlich aus – und warum?

Warum bleibe ich in einem Alltag, der mich aushöhlt?

Warum rede ich mir Nähe schön, die längst zur Pflichtübung geworden ist?

Ich schrieb Listen. Nicht von Aufgaben, sondern von Sehnsüchten. Ich schrieb auf, wann ich mich das letzte Mal frei gefühlt hatte. Wann ich laut gelacht hatte, ohne Rücksicht. Wann ich berührt wurde – und wann ich es wirklich gespürt habe.

Die Listen wurden zu kleinen Zeugnissen meines inneren Mangels. Und sie waren kurz. Viel zu kurz. Und alt. Die Daten der letzten Einträge lagen Jahre zurück. Das machte mir Angst. Und es machte mich wütend. Nicht auf meinen Mann. Nicht auf den Alltag. Sondern auf mich – weil ich mich so lange selbst verlassen hatte.

Die Macht der kleinen Berührungen lag nicht in dem, was sie auslösten – sondern in dem, was sie aufdeckten. Sie waren der Spiegel dessen, was fehlte. Nicht zwischen mir und ihm. Sondern zwischen mir und mir selbst.

Rückblickend ging es nie um meinen Kollegen. Es ging um mich. Um das, was in mir leise geworden war. Um die Stimme, die nach Aufmerksamkeit rief. Um die Sehnsucht, gespürt zu werden – ohne dabei in Schuld zu versinken.

Ich begann, mich selbst wieder zu berühren. Beim Eincremen, beim Duschen, beim langsamen Streichen über meine Arme, als wäre ich ein Mensch, der Fürsorge verdient. Ich massierte mein Gesicht, nicht aus Eitelkeit, sondern aus Zärtlichkeit. Ich begann, mich nicht länger als Versagerin zu sehen. Ich begann, mich als Frau zu sehen – eine Frau, die viel gegeben hat. Eine Frau, die kämpfen musste. Für ihren Platz. Für ihren Mann. Für die Beziehung. Immer wieder.

Und genau hier begann meine Wut zu wachsen. Denn ich erkannte: Ich war immer diejenige gewesen, die sich bemühte. Die die Fäden zusammenhielt. Die Gespräche anstieß. Die verzieh. Die erklärte. Die kämpfte. Und auch jetzt – nach allem – kämpfte wieder ich. Nicht er.

Ich fragte mich: Was wäre passiert, wenn ich mich zurückgezogen hätte? Wenn ich nicht immer wieder die Tür aufgemacht hätte? Wahrscheinlich nichts. Und diese Erkenntnis schmerzte. Denn sie zeigte mir: Ich war nicht unersetzlich. Ich war bequem. Verlässlich. Aber nicht mehr wirklich gesehen.

Und so kam der Moment, in dem ich mich entschied, nicht länger nur zu warten. Nicht länger darauf zu hoffen, dass jemand anderes mir das gibt, was ich mir selbst so lange verweigert hatte: Zuwendung. Aufmerksamkeit. Respekt.

Ich berührte mein eigenes Leben wieder – mit meinen Fragen, meiner Traurigkeit, meiner Wut. Und mit dem Mut, nicht länger nur zu funktionieren, sondern wieder zu fühlen.

Reflexionsfragen

- Welche Berührung hat dich zuletzt wirklich erreicht – innerlich oder äußerlich?
- Wo im Alltag fühlst du dich emotional „unsichtbar"?
- Was würde es für dich bedeuten, dich selbst wieder liebevoll zu berühren – im übertragenen Sinne?

Mini-Impuls: Nähe zu dir selbst

Heute Abend: Lege deine Hand auf dein Herz. Atme. Spüre, wie du da bist. Ohne Leistung, ohne Anspruch. Einfach da. Du bist genug.

KAPITEL 3:
Heimliche Herzen schlagen lauter

Es war nie geplant, dass ich mich verliebe. Schon gar nicht in einen Menschen, der nicht mein Mann war. Ich wollte kein Chaos. Keine Lügen. Kein Doppelleben. Ich wollte Klarheit, Ruhe, Ordnung – ein Leben, das nicht aus der Bahn geworfen wird von unvorhergesehenen Gefühlen. Ich hatte mir mein Leben gebaut wie ein sicheres Haus. Mit Fundament, mit klaren Regeln, mit verschlossenen Türen für alles, was gefährlich werden könnte.

Und doch fand ich mich plötzlich in einem inneren Sturm wieder, der nicht aufzuhören schien. Still zwar, aber alles verschiebend. So wie tektonische Platten sich unter der Erde langsam bewegen – kaum sichtbar, aber mächtig. Ich spürte es: Etwas in mir verschob sich. Und ich wusste, dass es kein Zurück mehr geben würde, selbst wenn äußerlich alles gleichblieb.

Unsere Gespräche wurden tiefer. Länger. Intimer, ohne körperlich zu sein. Ich kann nicht mehr sagen, wann genau es kippte. Vielleicht war es der Moment, als ich ihm sagte, dass ich mich manchmal verloren fühle – und er nicht auswich, nicht wegschaute, sondern sagte: „Ich spür das bei dir." Vielleicht war es sein Blick, der blieb, auch wenn ich wegsah. Oder vielleicht war es die Art, wie er mir Raum gab, ohne etwas zu fordern. Es war nie aufdringlich. Nie übergriffig. Aber durchdringend in einer Weise, die ich nicht gewohnt war.

Meine Stimme verlor sich zwischen To-do-Listen und Alltagsgeräuschen. Die Gespräche mit meinem Mann wurden flacher, wie ausgeblichene Farben. Wir sprachen über Termine, Schulprojekte, Einkauf, Pläne fürs Wochenende. Aber nicht über uns. Nicht über das, was zwischen uns stand – oder nicht mehr stand. Ich hätte es sagen können. Ich hätte sagen können: „Ich fühle mich nicht mehr gesehen." Oder: „Ich bin einsam, obwohl du da bist." Aber ich schwieg. Weil ich nicht wusste, ob ich ihn noch erreichen konnte – oder ob ich längst damit beschäftigt war, mich selbst zu retten.

Es ist ein seltsamer Schmerz, jemanden zu lieben, der einem nichts Böses will, und trotzdem zu merken: Es reicht nicht mehr. Liebe allein reicht nicht, wenn sie kein Zuhause mehr hat. Wenn sie sich anfühlt wie ein Echo, das man ruft – und nichts kommt zurück. Nur Stille.

Mit meinem Kollegen war alles unausgesprochen und doch voller Bedeutung. Wir berührten uns mit Worten. Mit Blicken. Mit einer Achtsamkeit, die in der heutigen Zeit fast anachronistisch wirkte. Ich wusste, was da passierte. Ich war nicht naiv. Ich fühlte mich zerrissen. Zwischen Pflicht und Verlangen. Zwischen Gewohnheit und Aufbruch. Zwischen dem, was ich mir geschworen hatte – und dem, wonach ich mich sehnte.

Ich begann, Ausreden zu erfinden. Kleine Fluchten im Alltag. Ein Projekt länger im Büro. Ein Umweg auf dem Heimweg. Ein Spaziergang allein, obwohl ich sonst nie Zeit für mich beansprucht hatte. Ich log nicht direkt – aber ich verbog die Wahrheit. Für mich. Um mir selbst zu erklären, dass ich niemandem weh tun wollte – während ich längst dabei war, mich selbst zu verraten.

Aber ich konnte nicht mehr zurück. Nicht, weil ich so verliebt war. Sondern weil ich mir selbst begegnet war. Durch ihn. Durch seine stille Präsenz hatte er etwas in mir berührt, das nicht mehr zurück in den Schlaf konnte. Ich sah mich mit seinen Augen – und das war das Schlimmste und zugleich das Schönste. Denn ich erkannte: Ich hatte mich selbst über Jahre nicht mehr angesehen. Nicht mit Sanftheit. Nicht mit Wertschätzung. Nicht mit dieser stillen, ehrlichen Achtung, die er mir entgegenbrachte.

Manchmal saß ich nachts auf dem Badewannenrand, nur im Licht der kleinen Lampe, und weinte. Leise, damit es niemand hörte. Ich weinte nicht nur aus Schuld. Ich weinte aus Trauer. Über das, was ich verloren hatte: Vertrauen, Stabilität, Unschuld. Und über das, was ich nie wirklich gehabt hatte: eine Verbindung zu mir selbst.

Ich stellte mir vor, wie es wäre, zu gehen. Alles hinter mir zu lassen. Neu anzufangen. Ein anderer Ort, ein neues Leben. Ich stellte mir Wohnungen vor, die nur mir gehören. Morgende, an denen niemand etwas von mir will. Abende, an denen ich allein entscheiden darf, wie laut es in meinem Herzen klingen darf. Aber ich wusste: Ich würde mich überallhin mitnehmen. Meine Fragen. Meine Sehnsucht. Meine Angst. Mein tiefes

Bedürfnis nach Echtheit. Ich konnte nicht einfach fliehen – ich musste erst verstehen.

Und so begann ich zu schreiben. Fast jeden Tag. Morgens, wenn das Haus noch schlief. Oder abends, wenn die Kinder im Bett waren. Ich schrieb, was ich fühlte. Ohne Zensur. Ohne Erklärung. Ich schrieb mich selbst zurück. Wort für Wort. Und manchmal, wenn ich las, was da stand, weinte ich erneut. Weil ich spürte:

Das bin ich. Das war ich immer.

Mein Spiegelbild war mir fremd geworden.

Tief unter Anforderungen, Erwartungen, Kompromissen.

Mein Kollege fragte mich eines Tages: „Was brauchst du?" Und ich wusste es nicht. Nicht sofort. Ich schwieg. Dann sagte ich leise: „Mich selbst wieder." Und er nickte. Ohne zu reden. Als hätte er genau das auch gemeint, all die Wochen, all die Blicke, all die Pausen zwischen den Zeilen.

Unsere Verbindung blieb. Still. Warm. Klar. Aber ohne Versprechen. Und vielleicht war das genau das, was sie so besonders machte. Sie zwang mich nicht. Sie führte mich. Zu ihm. Zu mir. Schritt für Schritt. Und irgendwann, vielleicht als es unausweichlich wurde, küssten wir uns. Kein gestohlener Kuss. Kein impulsiver Fehler. Sondern etwas, das sich schon lange anbahnte. Etwas, das sich wie eine Rückkehr anfühlte – nicht zu ihm, sondern zu mir.

Mehrere Küsse folgten. Zärtlich. Ungestüm. Suchend. Und in all dem Begehren war da etwas, das tiefer ging. Etwas, das jenseits von Körper lag. Es war nicht nur Leidenschaft. Es war Wiedererkennung. Ich begehrte ihn, ja. Aber ich begehrte vor allem mich – die Frau, die ich war, wenn ich mit ihm zusammen war. Und er begehrte mich nicht als Mutter, nicht als Funktion, nicht als Pflicht. Sondern einfach als Mensch. Als Frau. Als Seele.

Und doch rang ich mit mir. In mir tobte ein Konflikt, der mich manchmal nachts kaum schlafen ließ. Ich hatte meinem Mann Treue geschworen – mit vollem Herzen. Und zwölf Jahre lang war ich diesem Schwur treu geblieben. Kein anderer Mann hatte je eine Chance bei mir. Nicht, weil sich nie jemand interessierte, sondern weil es für mich keine Option war. Untreue war etwas, das ich nie wollte, nie geplant hatte, nie entschuldigen konnte. Ich wollte ihn nicht verletzen. Ich wollte keine Lügen, keine Heimlichkeiten, keine Affäre. Und doch war ich plötzlich genau an diesem Punkt: Ich hatte etwas zugelassen, das all meine Prinzipien in Frage stellte.

Was da zwischen uns geschah, war nicht leichtfertig. Es war nicht die Suche nach einem Abenteuer. Es war das Ergebnis eines langen inneren Schweigens. Und gerade deshalb tat es so weh. Ich weiß nicht, ob man das Liebe nennen kann, was da zwischen uns war. Vielleicht war es etwas anderes. Eine Begegnung, die einen verändert, ohne dass man sie besitzen muss. Vielleicht war es einfach nur: echt.

Und echt war genau das, was ich gebraucht hatte.

Es gab keinen Plan. Keine Strategie. Ich fing an, Dinge zu beenden – innerlich. Gedanken, die ich nicht mehr denken wollte. Rollen, die ich nicht mehr erfüllen konnte. Gespräche, die ich nicht mehr führen mochte. Ich fing an, mich zu lösen – nicht aus Trotz, nicht aus Rache. Sondern aus Klarheit.

Ich beobachtete meinen Mann mit anderen Augen. Nicht feindlich. Nicht bitter. Sondern mit dem ruhigen Blick einer Frau, die versteht: Wir sind uns verloren gegangen. Nicht über Nacht. Nicht durch einen anderen Mann. Sondern durch tausend ungelebte Gespräche. Durch Jahre des Nebeneinanders. Durch Entscheidungen, die nicht ausgesprochen, sondern nur angenommen wurden.

Und doch blieb die Angst. Die Angst vor dem, was passiert, wenn ich aufhöre, das Bild von mir aufrechtzuerhalten. Die verständnisvolle Ehefrau. Die loyale Mutter. Die verlässliche Stütze.

Wer bin ich, wenn ich das alles nicht mehr bin?

Darf ich mir selbst wichtiger werden als der äußere Frieden?

Eines Abends, als ich wieder einmal zu lange in der Küche geblieben war, schrieb ich auf einen kleinen Zettel: Ich will mein Leben zurück. Ich legte ihn nicht weg. Ich steckte ihn in meine Hosentasche. Am nächsten Morgen trug ich ihn bei mir, zwischen Supermarkt, Kita und Büro. Wie ein stilles Versprechen.

Ich wusste: Ich würde mir Zeit lassen. Ich wollte nicht flüchten. Nicht blind in etwas Neues stürzen. Ich wollte bewusst gehen – wenn ich ging. Und vielleicht würde ich bleiben. Für eine Weile. Vielleicht sogar für immer. Aber ich würde es anders tun. Nicht mehr stumm. Nicht mehr allein.

Denn ich hatte gelernt: Heimliche Herzen schlagen lauter. Nicht durch Worte. Nicht durch Taten. Sondern durch das, was sie in uns bewegen. Und dieses Herz in mir, das wieder schlug – es wollte gehört werden.

📖 Reflexionsfragen

- Was in dir schreit nach Aufmerksamkeit – obwohl du es lange überhört hast?
- Was wäre, wenn es in deinem Leben gerade nicht um richtig oder falsch geht, sondern nur um *ehrlich*?
- Welche Sehnsüchte erlaubst du dir nicht – und warum?

✦ Mini-Impuls: Radikale Ehrlichkeit mit dir selbst

Setze dich heute für fünf Minuten hin und schreibe auf: „Ich sehne mich nach …" und beende diesen Satz immer wieder neu. Ohne Bewertung. Ohne Nachdenken. Nur du und deine innere Wahrheit.

KAPITEL 4:
Worte die geblieben sind

Es gibt Sätze, die sagt man nicht einfach. Sie entstehen. Zwischen Momenten, in Blicken, in der Stille zwischen zwei Atemzügen. Es sind keine geplanten Worte. Sie werden nicht gedacht, sie werden gespürt. Und wenn sie einmal gesagt sind, bleiben sie. Über Tage, über Wochen, über alles hinaus.

Er schrieb mir solche Sätze.

Nicht viele. Nicht täglich. Aber immer dann, wenn sie kamen, wurde alles andere still. Die Geräusche des Alltags, das Surren meines Verstandes, das Mahnen meines Gewissens. Alles verstummte – und es blieb nur sein Satz, leuchtend wie ein Licht in dunkler Nacht.

„Ich habe heute früh den Pullover von gestern noch einmal von oben bis unten abgeschnuppert, weil ich das letzte Molekül, ja das letzte Atom deines Geruchs, das vielleicht noch an meiner Kleidung haften blieb, herausriechen wollte.“

Ich las das, und mein Herz machte diesen kleinen, schmerzhaften Sprung. Kein dramatischer Fall, kein Herzrasen – sondern etwas Tieferes. Etwas, das bis in mein Innerstes vordrang. Es war kein kitschiger Liebesbrief. Kein „Ich liebe dich" im klassischen Sinn. Es war ein echtes Bekenntnis. Ungeschützt. Roh. Wahr. Und es war nur einer von vielen.

Manche Nachrichten kamen mitten am Tag. Zwischen Meetings. Zwischen Leben. Und sie waren wie kleine Fluchten aus der Realität. Als würde er mir durch ein Schlüsselloch ein Fenster zur Welt öffnen, in der wir beide lebendig waren. Wirklich lebendig.

Er erzählte mir, wie sehr ich ihm fehlte – obwohl kaum Stunden vergangen waren, seit wir uns gesehen oder geschrieben hatten. Er beschrieb, wie er im Restaurant saß, dort, wo wir einmal gemeinsam gewesen waren – an „unserem" Tisch. Er hatte extra denselben Pullover angezogen. Und dann hatte er auf diesen Platz gestarrt, auf dem ich nicht saß. Und mich dort gesehen, mich gespürt, obwohl nur ein leerer Stuhl ihm gegenüberstand. Am Nebentisch saß eine Frau mit einem ähnlichen Pulli wie auf meinem Profilbild. Und er musste sie immer wieder anschauen. Nicht, weil sie aussah wie ich – sondern weil sie ihn an mich erinnerte. Oder an das, was ich in ihm auslöste. Es war, als würde die Welt ihn mit Spuren von mir versorgen, damit er mich nicht vergaß. Solche Worte ließen mich spüren, dass auch er tiefe Gefühle für mich hatte.

„Hätten wir Spaß? Würden wir uns bei den Händen halten? Würden wir uns küssen? Hätten wir ein tolles Gespräch? Würdest du mein Essen kosten? Würden wir Rotwein trinken? Würden wir uns liebhaben?"

Diese Fragen – zart. Fast kindlich. Und gerade deshalb so entwaffnend. Er sprach nicht in Sicherheiten. Nicht in Plänen. Sondern in Möglichkeiten. In Sehnsüchten. In vielleichts. Und in all diesen Vielleicht-Fragen lag mehr Ehrlichkeit als in manchem Gelöbnis.

Einmal schrieb er mir mitten in der Nacht. Ich hatte nicht damit gerechnet. Ich war allein auf dem Sofa eingeschlafen, und als ich mein Handy entsperrte, war da seine Nachricht. Keine Begrüßung. Kein Kontext. Nur:

„Ich würde dich jetzt so gern in meine Arme nehmen und schweigen. Einfach nur da sein. Nur du und ich. Ohne Worte. Ohne Erklärung. Nur wir.“

Ich las es und es war, als würde mein ganzer Körper auf diesen Satz reagieren. Ich spürte meine Schultern sacken. Die Enge in meiner Brust weicher werden. Es war nur ein Satz. Und doch war es mehr Nähe, als ich in Wochen zu Hause erfahren hatte.

Später kam ein langer Brief. Länger als alles, was er mir je geschrieben hatte. Ich habe ihn heute noch. Ein Brief voller Widersprüche. Voller Mut und Angst zugleich. Jeder Absatz atmete das Ringen zwischen dem, was er fühlte, und dem, was er zu verlieren drohte.

Er schrieb über meine Stimme. Wie sie klingt, wenn ich ruhig bin. Wie sie sich verändert, wenn ich lache. Wie ich spreche, wenn ich wütend bin – schnell, klar, messerscharf. Er schrieb über meine Augen, mein Lächeln, über meine Intelligenz. Über die Art, wie ich mit Sprache umgehe. Über Poe, Oscar Wilde, über meine Bücherliebe. Er schrieb über meinen Hals.

Meine Ohren. Meinen Geruch. Nichts war vulgär. Alles war spürbar.

Und dann kam der Satz, der in mir alles erschütterte:

„Ich weiß, dass wir uns irgendwann entscheiden müssen. Ob wir den weiteren Weg zusammen gehen wollen oder nicht. Mit allen Konsequenzen. Doch wie trifft man solche Entscheidungen? Reicht das Bauchgefühl? Machen wir eine Pro- und Contra-Liste? Oder haben wir uns nicht längst entschieden?"

Ich las ihn mehrmals. Ich wusste nicht, was mich mehr berührte: Die Frage selbst oder der Mut, sie zu stellen. Denn er hatte Recht. Entscheidungen trifft man selten in einem Moment. Meist hat das Herz längst gewählt – lange bevor der Verstand aufholt. Und vielleicht war genau das das Tragische an uns: dass wir uns längst entschieden hatten. Und es trotzdem nicht lebten.

Ich hätte ihm so viel antworten können. Doch stattdessen versteckte ich den Brief. Vor meinem Mann. Vor mir selbst. Und las ihn jeden Abend vor dem Einschlafen. Ein paar Tage später schrieb er erneut. Unmittelbarer. Unbearbeiteter:

„Ich habe viel geschrieben. Darüber, wie schlecht es mir geht. Wie unbeschreiblich toll ich dich finde. Dass meine Vorstellung der Zukunft eine mit dir ist. Dass meine Gegenwart mit Gedanken an dich übervoll ist … Dann habe ich alles wieder gelöscht."

Dieser Satz traf mich fast noch mehr als der lange Brief. Weil er zeigte: Er kämpfte. Nicht nur um mich. Auch mit sich selbst. Er war zerrissen. Wie ich. Und doch bat er mich:

„Gib mir bitte die Zeit, die ich brauche. Die Chance und die Gelegenheit, mich so in dich zu verlieben, wie ich noch nie in meinem Leben verliebt war."

Ich las diese Zeilen, immer und immer wieder. Weil sie mich trugen. Weil sie mich brachen. Weil sie mir Hoffnung machten. Und sie mir diese Hoffnung gleichzeitig wieder nahmen. Denn ich wusste: Er hatte ein Leben. Ich auch. Wir standen auf zwei Ufern – und keiner von uns wusste, ob es eine Brücke dazwischen geben würde.

Die Zeit verging. Unsere Treffen wurden seltener. Der Alltag griff nach uns. Aber seine Worte – sie blieben. In mir. Wie kleine Samen, die sich in der Seele einnisten. Nicht immer blühend. Aber immer lebendig.

Es gab Tage, da war er fern. Still. Rückgezogen. Und in diesen Momenten kamen keine Nachrichten. Keine Sätze. Kein Zeichen. Nur das dumpfe Gefühl des Alleinseins. Und gerade dann blätterte ich zurück. In den Nachrichten. In den Briefen. In meinen Screenshots. Und las wieder:

„Ich will dich sehen. Nicht für einen Kaffee. Für mehr. Für das Dazwischen. Für das Danach. Ich will wissen, wie du denkst, wenn du müde bist. Wie du schweigst, wenn du verletzt bist. Ich will nicht nur deine Haut. Ich will deine Stille. Deine Widersprüche. Deine Schatten."

Diese Sätze – sie waren wie Liebkosungen in Abwesenheit. Kein Ersatz. Aber ein Rest von Nähe. Von etwas, das einmal echt war. Und vielleicht noch immer ist. Und manchmal fragte ich mich:

Warum genügten mir Worte? Warum hielt ich mich an Sätzen fest, statt Taten zu verlangen? Warum akzeptierte ich eine Liebe im Konjunktiv, im

Vielleicht?

Aber die Antwort war klar: Weil diese Worte Ausdruck einer Tiefe waren, die ich in meinem Leben selten gespürt hatte. Und sie waren ehrlich. Auch in der Unvollständigkeit. Und vielleicht gerade deshalb so kostbar. Manchmal antwortete ich. Und manchmal schwieg ich. Nicht aus Gleichgültigkeit. Sondern weil ich Angst hatte, dass jedes Wort die Magie zerstören könnte. Diese Sprache zwischen uns war zerbrechlich. Ein Raum, den man nicht mit zu viel reden füllen durfte.

Und ich begann zu begreifen: Es waren nicht die vielen Worte, die zählten. Es war ihre Wahrheit. Ihre Unverstelltheit. Es waren Worte, die blieben – auch wenn alles andere verschwand.

Wenn ich heute an ihn denke, denke ich nicht zuerst an seine Umarmungen. Nicht an seine Lippen. Nicht an seine Nähe. Ich denke an seine Sprache. An seine Fragen. An sein „Ich weiß es auch nicht, aber ich will es herausfinden."

Ich weiß nicht, ob wir je zueinander finden werden. Ob wir je zusammen Kaffee trinken, Wein teilen, Hände halten, über unsere Vergangenheit sprechen. Ich weiß nicht, ob unser Weg jemals ein gemeinsamer sein wird. Aber ich weiß:

Diese Worte. Diese Sätze. Diese Briefe.

Sie sind geblieben. Und mit ihnen – ein Teil von mir.

📖 Reflexionsfragen

- Gibt es Worte, die du nie vergessen hast – weil sie dich berührt oder verändert haben?
- Welche Nachricht würdest du dir selbst schreiben, wenn du ganz ehrlich wärst?
- Haltest du dich manchmal an etwas fest, das in Worten existiert – aber nicht in Taten?
- Was würdest du einem Menschen sagen, wenn du keine Angst vor den Konsequenzen hättest?

✦ Mini-Impuls: Schreibe dir heute einen Brief

Nicht an jemand anderen – sondern an dich selbst. Keine Selbstkritik, kein Tagebucheintrag. Sondern ein echter Brief. Wie du ihn einer Freundin schreiben würdest, die du liebst. Schreib dir, was du brauchst. Was du fühlst. Was du dir wünschst. Lass die Worte kommen. Vielleicht bleiben sie.

KAPITEL 5:
Sehnsucht ist kein Zufall

Sehnsucht ist ein stilles Gefühl. Sie ruft nicht laut. Sie schreit nicht. Sie wartet. Im Hintergrund. Geduldig. Und genau in dem Moment, in dem du einen Atemzug länger verweilst, in dem die To-do-Liste nicht gleich das Denken übernimmt, klopft sie an. Zart. Hartnäckig. Und sie erinnert dich daran, dass da etwas fehlt. Nicht unbedingt jemand. Sondern etwas. Ein Teil von dir, der eingeschlafen ist, weil das Leben zu laut war. Etwas, das du nie ganz verloren, aber lange nicht mehr gespürt hast.

Ich begann zu begreifen, dass meine Sehnsucht kein Zufall war. Sie kam nicht, weil ich mich langweilte. Nicht, weil mir etwas fehlte, das andere füllen könnten. Sie war kein Irrtum, kein Fehltritt. Sondern ein Ruf – leise, aber bestimmt. Ein Zeichen meiner eigenen Wahrheit. Sie zeigte mir, dass mein Leben von außen zwar rund wirkte, aber innen Ecken hatte, die ich zu lange nicht angeschaut hatte.

Es ist bequem, sich mit dem Gedanken zu beruhigen:

„Es geht ja allen so."

Wir vergleichen uns mit anderen, um unsere eigene Leere zu rechtfertigen. Andere haben auch Kinder. Auch einen stressigen Job. Auch wenig Schlaf und keine Zeit für sich. Andere funktionieren auch – und klagen nicht. Aber irgendwann reichte mir das nicht mehr. Ich wollte nicht mehr nur funktionieren. Ich wollte wieder fühlen. Wieder glauben, dass mein Leben nicht nur eine To-do-Liste ist. Ich wollte verstehen, warum ich mich selbst so lange übergangen hatte – in all dem „Es muss doch" und „So ist das eben".

Ich erinnere mich an einen Nachmittag, an dem ich im Auto saß – irgendwo zwischen Supermarkt und Schule. Ich hatte noch zehn Minuten, bevor ich die Kinder abholen musste. Zehn Minuten, die früher mit WhatsApp, E-Mails oder Einkaufslisten gefüllt gewesen wären. Aber an diesem Tag saß ich einfach nur da. Ich starrte auf das Lenkrad. Keine Musik. Kein Gedanke. Nur Stille.

Und plötzlich kam sie wieder: die Sehnsucht. Nicht wie ein Sturm, sondern wie ein Nebel. Sanft. Umschließend. Und doch durchdringend. Sie legte sich über mich, nicht bedrohlich – aber fordernd. Sie machte mich still. Und gleichzeitig ganz klar.

Ich wollte nicht weg von meinem Leben. Ich wollte wieder hinein. Ganz. Ich wollte mich selbst wieder spüren – nicht nur zwischen den Aufgaben, sondern mitten im Moment. Ich wollte nicht mehr nur durchhalten. Ich wollte da sein.

Ich begann, mir Fragen zu stellen, die ich jahrelang vermieden hatte.

Wer bin ich, wenn ich nichts leiste?

Wer bin ich, wenn niemand etwas von mir will?

Wer bin ich, wenn ich einfach nur bin?

Und: Wer will ich eigentlich sein – ganz unabhängig davon, was andere brauchen?

Es war ein schmerzhafter Prozess. Weil er mich mit all den kleinen und großen Lügen konfrontierte, die ich mir selbst erzählt hatte. Dass es egoistisch sei, mich selbst wichtig zu nehmen. Dass Liebe bedeutet, sich selbst zurückzustellen. Dass ich zu sensibel sei, zu romantisch, zu anspruchsvoll. Dass ich zufrieden sein müsste, weil es doch „nicht schlimm" war.

Aber was, wenn all das nicht stimmte?

Was, wenn meine Sehnsucht kein Problem war, sondern ein Wegweiser?

Was, wenn sie mir zeigte, wo ich mich selbst verraten hatte, um zu funktionieren?

Wo ich mich klein gemacht hatte, um zu passen?

Ich begann, meine Wünsche ernst zu nehmen. Ich schrieb sie auf. Unzensiert. Ohne sofort zu urteilen, ohne sie direkt zu streichen. Ich schrieb:

„Ich wünsche mir mehr Leichtigkeit."

„Ich will wieder tanzen."

„Ich will morgens aufwachen und mich auf den Tag freuen."

„Ich will berührt werden – nicht nur mit Händen, sondern mit echtem Interesse.“

„Ich will sagen dürfen, dass mir etwas fehlt – ohne mich dafür zu schämen.“

Diese Sätze waren zuerst leise. Fast peinlich. Ich ertappte mich bei dem Gedanken: Wer bin ich, dass ich mir das erlaube?

Ich habe doch alles: einen Mann, zwei gesunde Kinder, ein geregeltes Leben, ein sicheres Zuhause. Aber dann verstand ich: Dankbarkeit und Sehnsucht schließen sich nicht aus. Ich war dankbar – und ich sehnte mich dennoch. Nicht nach mehr Besitz. Nicht nach mehr Erfolg. Sondern nach mehr Lebendigkeit. Echtheit. Innerer Klarheit.

In Gesprächen mit Freundinnen merkte ich: Ich war nicht allein. Auch sie kannten dieses Gefühl. Dieses leise Unwohlsein, das man nicht ganz greifen kann. Dieses vage Wissen, dass da etwas fehlt – ohne zu wissen, was genau. Und fast alle hatten es weggeschoben. Aus Pflichtgefühl. Aus Angst. Aus Anpassung.

Doch Sehnsucht ist weise. Sie ist der Teil in uns, der uns nicht aufgibt. Der anklopft, wenn wir zu lange nur funktionieren. Sie ist wie ein Kompass, der sich nicht beeindrucken lässt von Sicherheit oder Routine. Sie zeigt uns, wo es lebendig wird. Nicht lauter. Sondern echter.

Ich begann, kleine Dinge zu ändern. Nicht alles. Nicht plötzlich. Aber bewusst. Ich ging morgens laufen, bevor alle wach waren. Ich ließ mein Handy öfter liegen. Ich schrieb wieder Gedichte – heimlich, abends, auf der Bettkante. Ich sagte Nein zu Einladungen, die mich auslaugen. Und Ja zu Momenten, die mir guttun. Ich holte mir frische Blumen – nicht fürs Wohnzimmer, sondern für den Nachttisch. Ich spielte Musik, die ich früher geliebt hatte. Ich tanzte, wenn niemand zusah.

Eines Abends lag ich im Bett. Die Kinder schliefen. Mein Mann saß im Wohnzimmer, scrollte am Handy. Ich sah ihn an – wirklich an – und fragte mich: Wann haben wir aufgehört, neugierig aufeinander zu sein?

Ich sagte nichts. Aber ich wusste: Wenn sich etwas ändern sollte, musste es bei mir beginnen. Nicht im Außen. Nicht durch jemand anderen. **Sondern in mir.**

Am nächsten Morgen machte ich etwas, das ich lange nicht gemacht hatte: Ich erzählte ihm von mir. Nicht über die Kinder. Nicht über Termine. Über mich. Ich sagte, dass ich müde bin – nicht vom Tag, sondern vom Inneren. Dass ich manchmal das Gefühl habe, neben mir herzulaufen. Dass ich mich oft frage, wie viele Anteile von mir ich geopfert habe, um zu „funktionieren".

Er war überfordert. Ich spürte es. Aber er hörte zu. Und das war ein Anfang. Doch dann kamen die Vorwürfe. Warum ich nicht zufrieden sei? Wann hat sich das geändert? Wie konnte er das nicht mitbekommen?

Veränderung beginnt nicht mit einem großen Knall. Sie beginnt im Kleinen. In einem Satz, den man endlich ausspricht. In einem Gedanken, den man nicht mehr wegdrückt. In einem Blick in den Spiegel, bei dem man nicht mehr wegsieht.

Meine Sehnsucht führte mich zurück zu mir. Nicht auf einmal. Nicht ohne Widerstand. Aber Schritt für Schritt. Ich verstand, dass ich mich nicht neu erfinden musste. Ich musste mich erinnern. An das, was mich ausmacht. An das, was ich liebe. An das, was in mir angelegt ist, aber verschüttet wurde.

Und je mehr ich dieser Sehnsucht Raum gab, desto leiser wurde die Angst. Die Angst, zu viel zu wollen. Die Angst, jemandem weh zu tun. Die Angst, mich selbst zu verlieren. Denn ich begriff: Ich war längst verloren – wenn ich ihr nicht folgte.

Ich weiß nicht, wo mich dieser Weg hinführt. Vielleicht bleibt vieles, wie es ist. Vielleicht verändert sich alles. Aber ich weiß jetzt: Sehnsucht ist kein Zufall. Sie ist Einladung. Erinnerung. Hoffnung. Und sie ist meine.

Reflexionsfragen

- Was sagt deine eigene Sehnsucht dir – wenn du still wirst und zuhörst?
- Welche Wünsche hast du dir abgewöhnt, weil sie „unvernünftig" schienen?
- In welchen Momenten spürst du dich am lebendigsten?
- Welche kleine Entscheidung könntest du heute treffen, die dir selbst Raum gibt?

Mini-Impuls: Einladung zur Sehnsucht

Stell dir vor, du wachst in einem Leben auf, das dich wirklich nährt. Wie sieht dein Morgen aus? Was spürst du? Schreibe diesen Morgen in wenigen Sätzen auf – als hättest du ihn schon erlebt.

KAPITEL 6:
Wenn Worte berühren

Es gibt Nachrichten, die dich verändern. Nicht weil sie besonders poetisch wären oder laut. Sondern weil sie genau das sagen, was du tief in dir gehofft hast zu hören – und nie zu fordern gewagt hast. Sie kam an einem Sonntag Nachmittag. Ich saß auf der Terrasse, die Kinder spielten im Garten, mein Mann grillte. Mein Handy vibrierte. Und da stand:

„Dich nicht sehen zu können ist eine Sache, dir nicht schreiben zu können eine andere. Danke für deine Nachricht. Ich habe mich unendlich gefreut, deine Worte haben mich berührt und gefreut gleichzeitig. Ich vermisse dich die ganze Zeit, und zwar richtig schlimm... Ich will ehrlich gesagt auch an nichts anderes denken.“

Ich las es mehrmals. Langsam. Und jedes Wort traf einen Nerv. Ich fühlte mich zum ersten Mal seit Langem nicht mehr allein mit meinen Gefühlen. Nicht mehr wie eine Fantasie. Sondern wie jemand, der wirklich berührt hatte – in seinem Leben, in seinem Innersten.

Über die nächsten Wochen entstanden Nachrichten, die wie kleine Lichtfunken durch meinen Alltag blitzten. Ich speicherte sie nicht auf dem Handy, sondern in mir. Und ich wusste: So spricht niemand, der spielt. So schreibt jemand, der fühlt.

„Ich mag dich echt viel mehr als geplant. Du bist wunderschön und mein Sonnenschein, mein Lichtblick!"

„Du hast meine Welt auf den Kopf gestellt, sie ist für mich viel schöner, bunter, fröhlicher... Ich kann mit dir lachen – und wie ich seit Kurzem weiß – auch mit dir weinen. Und das kann ich nur mit dir."

Seine Worte lösten etwas in mir aus, dass ich nicht mehr zurückhalten konnte. Ich begann, auch offener zu schreiben. Zu sagen, was ich fühlte. Dass ich mich nicht mehr ganz verstand. Dass ich spürte, wie sich mein Herz Stück für Stück wieder öffnete. Und er antwortete mit einer Wärme, die ich nie erwartet hätte:

„Heute wars unglaublich schön: Im Meeting klar; aber auch der restliche Tag, solange du da warst – ich genieße jeden Augenblick, dein Lächeln, deine Nähe, einfach alles – du bist umwerfend für mich. Und zwar richtig."

Ich las diese Nachrichten nachts, wenn alles still war. Wenn ich in meinem Bett lag und die Decke plötzlich zu groß schien für all das, was ich in mir trug. Ich las sie mit einer Mischung aus Staunen, Sehnsucht und Schmerz. Und immer auch mit einem Hauch von Angst: Wie kann etwas, das sich so gut anfühlt, so verboten sein?

Aber es fühlte sich nie falsch an. Niemals. Weil da nie etwas Unehrliches war. Keine Manipulation, keine leeren Worte. Im Gegenteil – es war die Art, wie er mich kannte, ohne dass ich mich erklären musste. Wie er mich sah – mit meinen Zweifeln, mit meiner Tiefe, mit meinem inneren Chaos.

„Ich sag dir mal was – ganz ehrlich: Ich hab das noch nie so erlebt, dass ich mir nix scheißen muss, alles sagen kann und du alles sagen kannst – und wir sind uns näher als je zuvor. Das ist das mega Schöne dabei.“

Seine Worte waren unperfekt. Ungeschönt. Und gerade deshalb vollkommen. Weil sie echt waren. Und weil sie mich da trafen, wo mich lange niemand mehr berührt hatte.

Es war keine klassische Liebesgeschichte. Kein Filmplot. Es war etwas Reines. Etwas Stilles. Eine Verbindung, die jenseits von Logik funktionierte. Ich begann, mich selbst durch seine Augen zu sehen:

„Du bist mein Sonnenschein, machst dunkle Tage wieder hell, öffnest verschlossene Türen... Dein Lachen, dein Humor vertreibt alle finsteren Gedanken.“

Ich erinnerte mich, wie ich diese Worte las und zum ersten Mal seit Langem wirklich lächelte. Diesmal war es meins. Weil ich wusste: Ich bin mehr als das, was ich jeden Tag leiste. Ich war mir selbst abhandengekommen – still, schleichend, fast unmerklich. Ich bin liebenswert. So wie ich bin.

„Heute hab ich mir zirka 10.000 mal gedacht, wie gut du doch aussiehst, wie hübsch du bist, während unserer Meetings – aber viel wichtiger ist, dass mir heute so richtig bewusst wurde, was für ein wundervoller Mensch du bist... Ich hab dich lieb – und zwar viel mehr als geplant.“

„Du hast heute so umwerfend ausgesehen... Ich brauch mehr von dir – muss dich einfach spüren – ich brauch deine Nähe, deine Zärtlichkeit und deinen Geruch – ich bin süchtig nach dir...“

Ich las, ich lachte, ich weinte. Und irgendwann wusste ich: Diese Worte haben etwas in mir geheilt, dass ich nie als verletzlich erkannt hatte. Die Stelle in mir, die glaubte, nicht genug zu sein. Die so lange stark sein musste, dass sie vergessen hatte, weich sein zu dürfen.

„Vollkommen überraschend wurde aus einem eher mittelprächtigen Tag ein mega schöner – danke für diese spontane Idee. Du bist einfach der absolute Wahnsinn... Ich hab dich echt lieb. Und zwar mehr als geplant.“

Ja, es war mehr als geplant. Für uns beide. Und auch wenn ich heute nicht weiß, wie es so enden konnte – ich weiß, was es mir gegeben hat. Eine Rückverbindung zu mir. Zu meiner Tiefe. Zu meiner Verletzlichkeit. Und zu meiner Stärke. Denn wenn jemand dich so sieht – so wirklich – und dich so tief lieben kann, dann kannst du dich selbst nicht mehr verleugnen.

📖 Reflexionsfragen

- Welche Nachricht oder Worte haben dich in deinem Leben wirklich verändert?
- Wann hast du dich zuletzt wirklich gesehen gefühlt – von jemand anderem? Oder von dir selbst?
- Was wäre, wenn du dir selbst jeden Tag ein Stück dieser Zärtlichkeit schenken würdest?

✦ Mini-Impuls: Worte, die bleiben

Nimm dir zehn Minuten. Schreibe dir selbst eine Nachricht. So, wie du wirken. Lass sie zu.

KAPITEL 7:
Heimlich. Ganz nah.

Als ich an diesem Tag zu ihm kam, schmuggelte er mich ins Haus wie einen Schatz. Nicht heimlich aus Scham – sondern weil niemand sehen durfte, was er nicht mehr verbergen wollte. Kein großes Szenario. Kein Drama. Keine Musik im Hintergrund, keine verabredete Inszenierung. Nur wir. Zwei Menschen, die sich vorsichtig angenähert hatten – seelisch, gedanklich, über viele Gespräche, über Worte, die geblieben waren. Und nun stand ich in seinem Wohnzimmer. Mein Herz pochte laut. Nicht aus Angst vor Moral. Die hatte ich da längst ausgeklammert. Sondern wegen des Wissens:

Jetzt geschieht etwas, das nicht mehr rückgängig zu machen ist.

Er machte Kaffee. Fragte, ob ich etwas essen wollte. Ich lehnte ab. Mein Magen war ein Knoten. Während er in der Küche hantierte, stand ich im Wohnzimmer, betrachtete seine Bücher, seine Bilder, seine Räume. All das, was ihn ausmachte. Und gleichzeitig wusste ich: Ich war hier, um

49

endlich nicht mehr wegzusehen.

Es war still. Dann kam er zu mir. Kein zögerlicher Schritt, kein nervöses Lächeln. Sondern ein leiser Entschluss. Als hätte er diesen Moment schon tausendmal gedacht. Und jetzt war er da – greifbar.

Ich hob den Blick. Sein Gesicht war ernst. Wach. Zärtlich. Da war dieser Ausdruck in seinen Augen, den ich kannte – und der mich jedes Mal tief traf: Hunger, Sehnsucht, Entscheidung. Dann küsste er mich.

Zuerst vorsichtig. Tastend. Als wolle er prüfen, ob ich bleibe, wenn er sich nähert. Dann dringlicher. Seine Hände fanden meinen Rücken, meinen Nacken, mein Gesicht. Ich spürte ihn – seinen Wunsch, seine Unsicherheit, seine Entschlossenheit. Er wollte mich. Und ich wollte ihn.

Es lag etwas in der Luft. Schwer. Dicht. Wie elektrisierende Spannung, die keinen Blitz braucht, um sich zu entladen.

Ich zog ihm sein Shirt aus. Langsam. Genussvoll. Seine Haut war warm, weich, von Muttermalen übersät. Ich liebte diesen Körper, diesen Mann, der sich mir so zeigte, wie er war. Ohne Fassade. Ohne Rüstung. Unsere Küsse wurden intensiver, unsere Körper suchten Nähe, unsere Lippen verhedderten sich ineinander wie unsere Gedanken in den letzten Wochen. Wir hielten uns fest, verloren uns in Berührungen. Es war kein stürmisches Überfallen – es war Zärtlichkeit mit Spannung, Zurückhaltung mit Erwartung. Ich wollte mehr. Ich wollte ihn ganz. Ich wollte ihn in mir.

Ich kletterte auf seinen Schoß. Unsere Körper verschmolzen, suchten sich. Seine Hände streichelten meine Haut, fanden meine Brüste, meinen Rücken, meine Brustwarzen. Ich verlor mich in seinem Atem. Ich küsste ihn, wanderte mit meinen Lippen über seinen Hals, seine Brust, tiefer. Ich öffnete seine Hose, nahm ihn in den Mund. Und spürte: Er war völlig bei mir. Völlig erregt. Doch plötzlich hielt er mich sanft zurück.

„Ich kann das nicht", flüsterte er. „Ich kann nicht mit dir schlafen. Nicht so. Nicht, solange ich noch..." – er beendete den Satz nicht. Aber ich verstand. Nicht nur mit dem Kopf. Auch mit dem Herzen. Es war seine Grenze. Und ich respektierte sie. Nicht als Ablehnung, sondern als Zeichen seiner Zerrissenheit. Und seiner Würde.

Dann sah er mich an, als müsse er diesen Moment retten – für sich, für uns. Er zog mich erneut zu sich, küsste mich wieder – langsam, diesmal länger – und begann, mich zu berühren. Seine Lippen wanderten über meinen Hals, meine Schultern, meine Brüste. Und schließlich weiter hinab.

Was folgte, war keine Lust im klassischen Sinn. Es war ein Akt der Hingabe. Er küsste mich mit einer Intensität, die fast heilig war. Seine Zunge, sein Mund, seine Hände – sie fanden mich. Und ich verlor mich. Ich schloss die Augen, stöhnte leise, ließ alles geschehen. Als er mich zum Höhepunkt brachte, war es, als explodierte etwas in mir, das ich lange nicht gespürt hatte. Lust, ja. Aber auch Liebe. Gesehen-Werden. Ganz-Sein. Nähe, die es eigentlich nicht geben durfte – und die doch da war.

Wir lagen nebeneinander. Nicht nackt. Nicht ganz angezogen. Aber offen. Berührt. Innerlich entblößt. Ich fuhr mit meinen Fingern über seinen Hals, über seine Lippen. Ich sagte nichts. Und doch war alles gesagt.

Später fuhren wir los. Keine Ahnung wohin. Hauptsache raus. Raus aus der Enge. Raus aus dem Moment, der fast zu groß war für vier Wände. Raus aus dem, was unaussprechlich war. Das Schweigen zwischen uns war ruhig. Kein Schweigen des Unausgesprochenen, sondern des Verstehens. Kein Druck. Kein Plan. Nur wir.

Wir fuhren in eine andere Stadt. Kopfsteinpflaster, enge Gassen, ein kalter Wind, der uns nichts anhaben konnte. Wir gingen in ein veganes Lokal. Klein, fast versteckt, mit dunkler Holzvertäfelung und einer ruhigen Nische. Wir waren allein. Ich beobachtete, wie er die Speisekarte hielt, mit dem Kellner sprach, ein Glas Wasser trank. Und dachte: Niemand hier weiß, was wir gerade hinter uns haben. Was in meinem Körper noch nachbebt.

Wir bestellten, aßen langsam. Ich kostete von seinem Teller, er von meinem. Er berührte mein Bein unter dem Tisch, streichelte mich mit dem Fuß. Küsste mich. Ich lächelte. Alles fühlte sich leicht an – und zugleich schwer. Als würden wir jeden Moment dehnen, weil wir nicht wussten, wie viele wir noch haben.

Danach gingen wir spazieren. Es war kalt, aber ich fror nicht. Er hielt meine Hand. Ganz selbstverständlich. Und ich ließ es zu. Es gab in diesem Moment keine Geschichten. Keine Partner. Keine Verpflichtungen. Keine Schuld. Nur zwei Menschen, die sich aus ihrer Welt gestohlen hatten – und eine neue erschufen. Für Stunden. Vielleicht für immer. Vielleicht nur jetzt.

Wir redeten über Musik. Über Bücher. Über unsere Lieblingsfilme, unsere Kindheit, über das, was wir nie gesagt hatten. Er erzählte von einer Reise. Ich von einer Sehnsucht, die ich nie benannt hatte. Und dann sagte er leise:

„Ich habe manchmal das Gefühl, ich kann bei dir atmen. So, wie ich es nirgendwo sonst kann."

Ich schwieg. Nicht, weil ich nichts zu sagen hatte – sondern weil ich das Gewicht seiner Worte spürte. Und weil ich wusste: Ich fühlte genau dasselbe.

Irgendwann wurde es spät. Wir fuhren zurück. Wieder dieses Schweigen – warm, klar, ohne Fluchtgedanken. Ich stieg in der Nähe meines Autos aus. Ein letzter Blick. Ein Kuss. Kein Versprechen. Nur dieser Blick, der sagte: Ich wäre geblieben. Aber ich muss fahren.

Ich stand noch lange da, bevor ich mich bewegte. Alles in mir war voll von ihm. Von uns. Von allem, was war. Und allem, was nicht sein durfte.

Ein paar Tage später wiederholte sich dieser Moment – und wurde tiefer, realer, kompromissloser. Seine Frau war mit ihrer Tochter unterwegs. Und er? Er sagte mir, er würde bald für eine Woche alleine wegfahren. Eine Auszeit, nannte er es. Ruhe. Abstand. Eine Woche ohne sie. Ohne ihre Nähe. Und ich hörte, was er nicht sagte: Es fehlt mir nicht. Aber du. Du fehlst mir.

Und da war wieder dieses Gefühl: Jetzt. Nur jetzt. Nur wir.

Ich sah ihn an – diesen Mann, der so viele Grenzen überschritt, um mir nah zu sein. Und ich wusste: Ich verliebte mich. Nicht laut. Nicht besitzergreifend. Sondern tief. Heimlich. Ganz nah.

Reflexionsfragen

- Wann hast du zuletzt etwas getan, das sich richtig angefühlt hat – auch wenn es nicht „richtig" war?
- Was bedeutet Nähe für dich – wirklich? Ist sie für dich an äußere Umstände gebunden oder an innere Wahrheit?
- Gibt es in deinem Leben eine Verbindung, die dich fühlen lässt, wer du (noch) bist – oder wer du wieder sein möchtest?
- Welche Grenzen hast du gesetzt – aus Angst? Und welche hättest du vielleicht gerne gewahrt, aber konntest es nicht?
- Wäre es Liebe – selbst wenn sie nie ausgesprochen, nie öffentlich, nie erlaubt wäre?

Mini-Impuls: Eine stille Erinnerung

Ruf einen Moment in dir wach, in dem du dich vollkommen lebendig gefühlt hast – vielleicht im Blick eines Menschen, in einer Berührung, in einem Gespräch, das unter die Haut ging.

Spür hinein: Was genau hat dich berührt?

KAPITEL 8:
Mut beginnt im Stillen

Es gibt eine Zeit, in der man glaubt, man könnte noch zurück. Zurück in alte Routinen, zurück in die Normalität, zurück in das Leben vor der Erschütterung. Ich versuchte genau das. Ich lächelte. Ich kochte. Ich organisierte die Termine der Kinder. Ich stellte den Frühstückstisch ein wie immer, faltete die Wäsche, sagte „Gute Nacht" mit gewohnter Stimme – als wäre nichts geschehen.

Aber innerlich war nichts mehr, wie es war.

Ich hatte zu viel gespürt. Zu viel erkannt. Ich hatte einen Teil von mir berührt, der viel zu lange geschwiegen hatte. Und ich konnte mich nicht mehr zurückverwandeln in die funktionierende Frau, die ich einmal war. Ich wollte es nicht. Es war, als wäre ich in einem Raum aufgewacht, in dem plötzlich Licht brannte – und jemand forderte mich auf, einfach wieder zu schlafen. Doch ich konnte das Licht nicht mehr ausmachen. Und ich wollte es auch nicht.

Der Mut, den ich brauchte, kam nicht mit einem Knall. Er kam nicht laut, nicht entschlossen, nicht heroisch. Er kam leise. Unauffällig. In kleinen Momenten. In Gedanken, die ich mir endlich zu denken erlaubte. In Fragen, die ich mir nicht mehr verbot. In einem Blick in den Spiegel, den ich länger als gewöhnlich hielt. In dem ich mich sah. Nicht verurteilte. Einfach nur blieb.

Ich sagte nicht: „Ich werde mich trennen." Ich tat nichts, was nach außen sichtbar war. Aber innerlich begann ich, mich vorzubereiten. Nicht auf Flucht. Sondern auf Wahrheit. Auf ein Leben, das mehr von mir forderte — aber auch mehr für mich bedeutete.

Ich erinnerte mich an einen seiner Sätze, der mich tagelang begleitet hatte. Ich las ihn immer wieder:

„Ich hab das noch nie so erlebt, dass ich mir nix scheißen muss, alles sagen kann — und du alles sagen kannst — und wir sind uns näher als je zuvor. Das ist das mega Schöne dabei."

Dieser Satz war wie eine Einladung. Kein Aufruf zur Rebellion. Sondern ein liebevoller Hinweis: Du darfst du sein. Du darfst sprechen, fühlen, atmen. Du musst dich nicht schämen für dein Innerstes. Für das, was du brauchst.

Ich begann, das ernst zu nehmen. Mich ernst zu nehmen.

Ich schrieb. Nicht für andere. Für mich. Ich führte ein Tagebuch, schrieb kurze Gedanken in mein Handy, tippte mitten in der Nacht kleine Briefe an mich selbst. Nicht weil ich wusste, wohin das alles führen sollte — sondern weil ich nicht vergessen wollte, was ich gefunden hatte. Und wer ich dabei wurde.

In einem Eintrag schrieb ich:

„Ich weiß nicht, ob ich bleibe. Aber ich weiß, dass ich mich so nicht mehr verliere.“

Ich las diesen Satz immer wieder. Und irgendwann glaubte ich ihm.

Ich begann, meinen Alltag zu hinterfragen. Nicht radikal. Sondern ehrlich. Ich schaute hin: Was davon bin wirklich ich? Was tue ich aus Liebe? Was aus Pflicht? Was aus Angst, alles zu verlieren?

Ich begann, meine Gespräche bewusster wahrzunehmen. Wie oft sagte ich etwas, nur um Harmonie zu erzeugen? Wie oft unterdrückte ich meine Wahrheit, um den Frieden zu bewahren? Wie oft lächelte ich, obwohl in mir etwas weinte?

Ich beobachtete mich mit einer Mischung aus Erstaunen und Traurigkeit. Und spürte: Ich hatte mich jahrelang verlassen, um niemanden zu verlieren.

Seine Nachrichten blieben. Keine Forderungen. Keine Zukunftspläne. Aber kleine Leuchtfeuer in meinem Tag. Sanfte Anker. Worte, die nicht mehr verlangten als Gegenwart – aber mich erinnerten, dass ich noch da war. Dass meine Sehnsucht keine Schwäche war.

„Du bist mein Lichtblick. Du machst meine Tage heller. Ich hab dich lieb – mehr als geplant.“

Ich las diese Zeilen zwischen Jausenbroten und Spielzeugautos. Und sie fühlten sich nicht wie Verrat an. Sie waren wie kleine Wahrheiten, die zu mir sprachen. Und in mir klang es zurück.

Ich begann, ihn mir vorzustellen – nicht als heimlichen Geliebten. Sondern als Teil eines echten Lebens. Eines Alltags, in dem ich nicht nur Funktion war, sondern wieder Frau. Wieder Ich.

Und ja – ich stellte mir vor, wie es wäre, mit ihm neu zu beginnen. Mit meinen Kindern. Mit allem, was ich bin. Nicht, weil er ein Ziel war – sondern weil er der Raum war, in dem ich mich wiederfand.

Er hatte mein Herz gestohlen. Vollständig. Ohne Rückgaberecht. Und obwohl ich nicht wusste, wohin das führen sollte, wusste ich: Ich wollte mein Leben wieder fühlen. Ganz. Und dafür brauchte ich Mut. Nicht den Mut zur Handlung. Sondern den Mut, nicht mehr zu fliehen. Nicht vor mir. Nicht vor dem, was ich wusste.

Eines Morgens stand ich im Bad. Der Spiegel war beschlagen vom heißen Wasser. Ich wischte mit der Handfläche das Glas frei und sah mich an. Lange. Ohne Ablenkung. Ohne Bewertung. Einfach nur mich.

Und ich fragte mich: Wenn du heute ganz neu anfangen könntest – was würdest du lassen? Was würdest du tun?

Die Antwort kam nicht sofort. Aber sie kam.

- **Ich würde damit aufhören, mich selbst zu übergehen.**
- **Ich würde damit beginnen, mir zu glauben. Meinem Gefühl. Meiner Intuition. Meiner Sehnsucht.**
- **Ich würde aufhören, mich selbst in Klammern zu setzen – weil andere es so brauchen.**

- **Ich würde anfangen, meine Stimme nicht nur zu denken, sondern zu nutzen.**
- **Ich würde nicht gleich alles verändern – aber ich würde nicht mehr so tun, als wäre alles gut.**

Ich erkannte: Mut beginnt nicht im Außen. Er beginnt im Stillen.

Er beginnt im Inneren, wenn du das erste Mal nicht mehr gegen dich arbeitest. Wenn du nicht mehr versuchst, dich zu überreden. Wenn du nicht mehr deine Sehnsucht mit Argumenten überdeckst. Wenn du einfach nur dasitzt – mit zitternden Händen – und sagst: Ich will etwas anderes.

Mut ist nicht, die Welt zu verändern. Mut ist, sich selbst wieder zu spüren – und nicht sofort wegzulaufen.

Ich stand. Und ich zitterte. Und ich blieb.

Und an diesem leisen Punkt meines Lebens, zwischen Erkenntnis und Entscheidung, begann ich, mich zum ersten Mal selbst zu halten.

Ich fing an, mit meinem Mann zu sprechen. Nicht dramatisch. Nicht anklagend. Sondern wahr. Ich sagte Sätze wie:

„Ich bin müde. Nicht vom Alltag. Vom Innerlich-Kämpfen.“
„Ich habe das Gefühl, ich lächle – und keiner fragt, wie es mir wirklich geht.“
„Ich vermisse mich.“

Er war still. Und ich weiß nicht, ob er alles verstand. Aber er hörte zu. Und das war mehr, als ich erwartet hatte.

Ich fing an, mich zu bewegen – innen. Nicht sofort außen. Ich stellte mir vor, wie mein Leben aussähe, wenn ich bei mir bliebe.

Und allmählich wurde die Angst kleiner. Sie ging nicht weg. Aber wurde kleiner. Ich wusste: Ich werde nicht über Nacht neu beginnen. Aber ich habe begonnen, nicht länger gegen mein Herz zu leben.

Reflexionsfragen

- Was hast du dir lange nicht erlaubt zu fühlen – aus Angst, was es verändern könnte?
- Gibt es einen Moment, in dem du gespürt hast: Jetzt kann ich nicht mehr zurück?
- Wo beginnst du gerade leise, mutig zu sein?
- Welche Wahrheit in dir will endlich ausgesprochen werden – auch wenn noch niemand zuhört?

Mini-Impuls: Dein stiller Mut

Heute: Geh fünf Minuten mit dir spazieren. Kein Handy, keine Musik. Nur du. Stell dir vor, du hörst dir zu. Wirklich. Ohne zu bewerten. Ohne zu rechtfertigen.
Und dann frag dich leise: Was würde ich tun, wenn ich mir selbst vollkommen vertrauen würde?

KAPITEL 9:
Zwischen Schuld und Selbsterkenntnis

Schuld ist ein leises Gift. Sie schleicht sich ein, lange bevor man Worte findet für das, was eigentlich passiert. Sie schreit nicht, sie drängt sich nicht auf. Aber sie ist da – wie ein feiner Nebel, der sich um alles legt. Unsichtbar, aber spürbar. Ich fühlte mich schuldig, obwohl ich äußerlich nichts verändert hatte. Ich war nicht gegangen. Ich hatte kein Geständnis abgelegt, keinen Schritt nach außen getan. Und doch trug ich eine Schwere in mir, die sich nicht abschütteln ließ.

Ich fühlte mich schuldig, weil ich mich nach etwas sehnte, das nicht mein Zuhause war. Nicht mein Mann. Nicht meine Familie. Sondern ich selbst – und ein anderer Mann. Ich sehnte mich nach seiner Nähe, seinen Berührungen, seinem Blick. Nach den Gesprächen, die mich atmen ließen. Und ich fühlte mich schuldig, weil ich es zuließ. Diese Verbindung. Diese Intimität. Diese andere Wahrheit.

In dieser Zeit schwankte ich. Ich schwankte zwischen Euphorie und schlechtem Gewissen, zwischen Leichtigkeit und Scham. Ich stellte mir

Fragen, auf die es keine einfachen Antworten gab. Hatte ich etwas falsch gemacht? War es Betrug, wenn das Herz etwas fühlte, aber der Körper nicht ging? Hätte ich diese Nähe zu ihm beenden müssen, als sie noch harmlos war? Aber war sie je harmlos? War es überhaupt falsch, wenn es sich so echt anfühlte?

Ich begann, mich selbst zu beruhigen. Immer wieder. Ich sagte mir: Es ist nur eine Phase. Es geht vorbei. Du wirst dich wieder einfügen. Ich redete mir ein, dass alles gut werden würde, wenn ich einfach abwarte, wenn ich stark bleibe, mich zusammenreiße. Aber das stimmte nicht. Ich war nicht mehr dieselbe. Ich konnte mich nicht mehr zurückverwandeln in die Frau, die ich einmal war – nicht, weil ich nicht wollte, sondern weil ich gesehen hatte, was in mir fehlt.

Nachts lag ich wach. Ich hörte das leise Atmen meines Mannes neben mir, die gleichmäßigen Geräusche der Kinder im Nebenzimmer. Alles war wie immer – und doch war nichts mehr wie vorher. In mir toste es. Fragen, Zweifel, Sehnsüchte. Mein Herz stellte mir leise, aber eindringlich die entscheidenden Fragen:

Wenn du bleiben willst, warum träumst du dich dann woanders hin?

Warum klingt dein Lachen bei ihm echter – deins, nicht seins?

Warum willst du Dinge erzählen, die du deinem Mann nicht mehr sagst?

Es waren nicht nur seine Worte, die mich berührten. Es war die Art, wie ich bei ihm sein konnte. Wie ich bei mir war, wenn ich bei ihm war. Offen. Unzensiert. Ohne Filter. Ich musste mich nicht zusammenreißen. Ich musste nicht vernünftig sein. Ich durfte weich sein. Menschlich. Wahr.

Ich erinnere mich an einen Morgen, an dem ich extra früher aufstand, nur um draußen allein einen Kaffee zu trinken. Es war noch kühl, der Garten lag in Stille. Ich saß auf der Bank, eine Decke um meine Schultern, die Tasse fest umklammert – und meine Gedanken liefen ungebremst.

Ich schrieb ihm. Einfach so, ohne viel Nachdenken:

„Ich weiß nicht, wohin das führt. Aber ich weiß, dass du etwas in mir wach gemacht hast, das nicht mehr schlafen will."

Er antwortete fast sofort:

„Vielleicht führt es genau dahin. Zu dir."

Ich hielt das Handy in der Hand und spürte Tränen in den Augen. Es war so einfach. Und so wahr. Es ging nie nur um ihn. Es ging um mich. Um das, was ich jahrelang unterdrückt hatte. Um das, was ich vermisst, aber nicht benannt hatte. Um meine Stimme, meine Grenzen, meine Wünsche.

Ich hatte mich jahrelang angepasst, gefügt, eingeordnet. Ich war effizient, liebevoll, geduldig – ich war die Frau, die nie zu viel verlangte, die immer wusste, was andere brauchten. Nur mich selbst hatte ich dabei aus dem Blick verloren. Und dann kam jemand, der mich einfach nur ansah, und sagte:

„Du bist du. Du bist umwerfend. Du bist ehrlich. Und das reicht."

In einer seiner Nachrichten schrieb er:

„Ich mag dich echt viel mehr als geplant. Und ich kann mit dir lachen – und wie ich seit Kurzem weiß – auch mit dir weinen. Und das kann ich nur mit dir. Mit sonst niemandem."

Ich las das und weinte. Nicht, weil ich verliebt war – sondern weil ich mich gesehen fühlte. Weil ich spürte: Da ist jemand, der mich nicht braucht – sondern wirklich meint. Und ich fragte mich: Wann hatte ich mich das letzte Mal so gemeint gefühlt?

Gleichzeitig tobte ein innerer Konflikt in mir. Ich wollte niemanden verletzen. Nicht meinen Mann. Nicht meine Kinder. Nicht mich selbst. Aber ich begann zu begreifen: Jedes Leben, das ich gegen meine Wahrheit führte, war ein schleichender Verrat an mir selbst.

Und auch das ist Gewalt. Nur leiser.

Ich begann, mir zu vergeben. Für meine Sehnsucht. Für mein Bedürfnis nach Berührung. Für das Gefühl, nicht mehr ganz anzukommen in meinem alten Leben. Ich hörte auf, mich selbst zu verurteilen – und begann, mich zu verstehen.

Ich sah, dass ich mir das alles nicht ausgesucht hatte. Ich war nicht fahrlässig, nicht leichtsinnig, nicht egoistisch. Ich war einfach nur an einem

Punkt angekommen, an dem ich nicht mehr gegen mich leben konnte.

Ich dachte an meine Kinder. Und das war vielleicht der schmerzhafteste Punkt. Ich liebte sie unendlich. Und gerade deshalb wusste ich: Sie verdienen eine Mutter, die ehrlich lebt. Keine Frau, die sich still aufopfert, sondern eine, die steht, zu sich – und zu ihren Werten. Ich wollte ihnen kein Vorbild für Funktionieren geben. Sondern für Aufrichtigkeit. Und das bedeutete, mir selbst wieder zuzuhören.

Ich sprach mit einer Freundin, eine der wenigen, die mich nicht verurteilte. Sie sah mich an und sagte:

„Was wäre, wenn das alles genau so passieren musste, damit du dich wiederfindest?"

Ich konnte nicht sofort antworten. Aber ihre Worte blieben in mir. Und je mehr ich sie bewegte, desto leiser wurde die Schuld. Und desto klarer wurde die Erkenntnis: Ich war aufgebrochen. Nicht zu ihm. Sondern zu mir. Es war nicht leicht. Es war nicht romantisch. Es war nicht bequem. Aber es war wahr.

Ich begann, Entscheidungen nicht mehr zu vertagen. Ich begann, ehrlicher mit mir zu sein. Ich hörte auf, Gespräche zu vermeiden. Ich wagte vorsichtige Sätze. In kleinen Momenten. Mit Bedacht. Aber ich sprach. Und wenn es nur laut für mich selbst war.

Ich lernte, dass nicht jede Wahrheit gleich laut ausgesprochen werden muss. Aber jede Wahrheit will irgendwann gehört werden. Und am Anfang reicht es, wenn du selbst ihr zuhörst.

Ich schrieb in mein Notizbuch:

„Ich bin müde vom Schweigen. Aber ich habe keine Angst mehr vor dem, was ich weiß."

Und das war vielleicht mein erster wirklicher Schritt in ein neues Leben.

Reflexionsfragen

- Wo fühlst du dich schuldig – und was davon gehört wirklich dir?
- Welche Gedanken über dich selbst darfst du loslassen, um ehrlich zu leben?
- Wenn du deiner Wahrheit folgen würdest – was wäre dein nächster, leiser Schritt?

Mini-Impuls: Sanft mit dir selbst

Sprich heute mit dir wie mit einer Freundin, die du liebst. Schreib dir: „Ich verzeihe mir, dass …" und beende den Satz so oft, wie du brauchst. Sei ehrlich. Sei sanft. Sei bei dir.

KAPITEL 10:
Wenn Nähe nicht mehr reicht

Es war ein Sonntag. Die Sonne schien durchs Fenster, die Kinder lachten im Garten, mein Mann saß auf der Terrasse. Die Luft roch nach Sommer und Rosmarin. Es hätte ein perfekter Tag sein können. Einer dieser Nachmittage, die man später mit „glücklich" beschreibt. Doch ich saß da, das Glas stilles Wasser in der Hand, und fühlte mich leer.

Nicht traurig. Nicht verzweifelt. Nur… abwesend.

Ich beobachtete mein Leben von außen. Wie eine Schauspielerin, die ihre Rolle kennt, aber plötzlich vergisst, was sie fühlt. Ich sah meinem Mann zu, wie er liebevoll mit den Kindern sprach, wie er ihnen das Gemüse reichte, wie er lachte, Witze machte, ganz der Vater, der er war – und das war gut. Aber es tat auch weh. Denn all diese Zuwendung, diese Aufmerksamkeit, galt nicht mir. Schon lange nicht mehr.

Ich wusste nicht, wann wir aufgehört hatten, uns wirklich zu sehen. Vielleicht war es nie ein einziger Moment. Vielleicht war es eine leise

Abfolge kleiner Entscheidungen. Ein stilles Verlernen. Ein Aufgeben ohne Aufschrei.

Am Abend saßen wir nebeneinander auf dem Sofa. Ich sah ihn von der Seite an. Er sah müde aus. Vielleicht war er es auch. Das Leben mit Kindern hinterlässt Spuren. Auch bei mir. Aber es war nicht die Müdigkeit, die mich beschäftigte. Es war das Fehlen von Tiefe. Von etwas, das uns einmal verbunden hatte. Ich dachte daran, wie wir früher nachts geredet hatten, stundenlang, über alles. Jetzt sprachen wir über den Kita-Ausflug, das defekte Fahrrad, die Steuererklärung.

Wir funktionierten gut. Als Team. Als Eltern. Als Alltagspartner.

Aber Nähe… Nähe fühlte sich inzwischen an wie Routine.

Wir lagen im Bett, unsere Schultern berührten sich, der Abstand kaum spürbar – und doch war da eine Distanz, die sich wie eine Wand anfühlte. Ich starrte an die Decke und fragte mich:

Wann warst du das letzte Mal wirklich neugierig auf mich?

Wann wolltest du wissen, was in mir vorgeht – nicht, weil ich komisch wirkte, sondern einfach so?

Ich fand keine Antwort.

Die Wahrheit war: Ich war nicht mehr ganz da.

Ein anderer Mensch war in mein Inneres getreten. Still. Behutsam. Und hatte mir gezeigt, wie es sich anfühlen konnte, wieder ganz gesehen zu werden. Als Ich.

Und ich wusste: Es ging nicht darum, meinen Mann zu verlassen. Noch nicht. Vielleicht nie. Aber es ging darum, mich nicht weiter selbst zu verlassen. Nicht in einem Leben zu bleiben, das mich stumm machte.

Seine Nachrichten – die Nachrichten des anderen – kamen inzwischen seltener. Nicht, weil wir uns weniger bedeuteten. Sondern weil wir beide spürten, wie tief es geworden war. Wie viel auf dem Spiel stand. Und wie viel es bereits verändert hatte. Auch wenn keiner es laut aussprach.

„Ich denke oft an dich. Und manchmal glaube ich, dass ich nie wieder ganz werde, wenn du gehst."

Diese Worte trafen mich an einem Dienstagabend. Ich saß im Auto vor dem Supermarkt, der Einkauf war erledigt, die Kinder warteten zuhause, alles lief. Und doch blieb ich sitzen. Bewegte mich nicht. Weinte. Weil ich wusste: Ich war längst nicht mehr dieselbe. Und ich konnte das nicht mehr rückgängig machen.

Es war nie einfach nur eine Affäre. Es war nie nur Verlangen. Es war das Gefühl, wieder mit mir selbst in Berührung zu kommen. Und ich fragte mich: Ist es falsch, wenn etwas in dir aufblüht, das so lange verdorrt war?

Ich versuchte, mit meinem Mann zu sprechen. Zögerlich. Ich fragte ihn: „Bist du glücklich?" Er zuckte mit den Schultern. „Weiß nicht. Müde halt. Du?" Ich antwortete nicht. Ich sah ihn an, lange, wie ein fremdes Gesicht. Und mir wurde klar: Wir hatten einander lange nichts mehr gefragt, das nicht praktisch war.

Ich erzählte nicht alles. Weder ihm. Noch meinen Freundinnen. Noch mir selbst. Ich war zu verletzlich, um es ganz auszusprechen. Aber ich wusste: Wenn Nähe nicht mehr reicht, dann liegt es vielleicht nicht an der Liebe – sondern daran, dass die Verbindung innen längst verloren gegangen ist.

Ich begann, stille Fluchten zu suchen. Orte, an denen ich wieder atmen konnte. Ich fuhr ans Wasser. Ging im Wald spazieren. Setzte mich in Cafés, anonym, um einfach nur zu sein. Ohne Rolle. Ohne Erwartung. Ohne Plan.

Ich schrieb wieder Tagebuch. Schrieb von meinen Sehnsüchten. Von dem, was ich nicht mehr ertragen konnte. Von dem, was ich vermisste. Ich schrieb Sätze wie:

„Ich will nicht mehr nur gebraucht werden. Ich will gewollt sein.“

„Ich vermisse, dass mich jemand fragt: Wie geht es deiner Seele?“

„Ich bin müde vom Funktionieren.“

Und ich stellte Fragen. Immer wieder.

Wenn ich ganz ehrlich bin – was fehlt mir?

Ist es wirklich er – oder bin ich es selbst, nach der ich mich sehne?

Will ich bleiben – oder halte ich mich selbst nur auf Stand-by?

Die Antworten kamen nicht sofort. Aber mit jedem Tag wurde mir klarer: Ich konnte nicht mehr zurück. Nicht wirklich. Ich konnte vielleicht bleiben – aber nicht mehr auf die alte Weise. Nicht, wenn ich mir selbst noch etwas wert sein wollte.

An einem Abend schrieb ich ihm:

„Ich weiß nicht, was wir tun sollen. Aber ich weiß, dass ich dich fühle. Und das allein verändert alles."

Er antwortete:

„Ich weiß es auch nicht. Aber du bist da – und das ist mehr, als ich je erwartet habe."

Es war kein Liebesbekenntnis im klassischen Sinn. Kein Zukunftsplan. Keine Forderung. Nur ein leises Anerkennen: Da ist etwas. Und es ist echt.

Und manchmal ist das alles, was bleibt. Und alles, was trägt.

Ich begann, mich mit meiner Sehnsucht zu versöhnen. Ich hörte auf, sie zu bekämpfen. Ich versuchte nicht mehr, sie zu vernichten. Ich ließ sie da sein. Als Kompass. Als Spiegel. Als Ruf nach mir selbst.

Denn wenn Nähe nicht mehr reicht, dann ist es Zeit, ehrlich zu werden. Nicht gleich zu handeln. Aber zu fühlen. Und zu fragen:

Was will ich wirklich? Und was bin ich bereit, dafür zu riskieren?

📖 Reflexionsfragen

- Was fühlst du, wenn du still wirst und niemand zusieht?
- Welche Beziehung hält dich – und welche hält dich zurück?
- Was würdest du tun, wenn du wüsstest, dass dein Herz die Richtung kennt?

✦ Mini-Impuls: Ehrliche Nähe

Sag heute einem Menschen, wie du dich wirklich fühlst – ohne Vorwurf, ohne Angst. Sag es dir selbst, wenn du dich noch nicht traust, es laut zu sagen. Aber sag es. Es beginnt mit einem Satz.

KAPITEL 11:
Der Moment, der alles verändert

Es war kein lauter Knall. Kein großer Streit. Kein Zusammenbruch. Es war ein Moment der völligen Stille. Ein Innehalten mitten im Alltag. Ich saß im Auto, die Kinder waren bei Freunden, mein Handy lag auf dem Beifahrersitz. Und plötzlich war da nichts. Kein Geräusch. Kein Gedanke. Nur Leere.

Ich starrte durch die Windschutzscheibe, der Regen lief in dünnen Fäden herab. Und da war sie – die Erkenntnis, die ich so lange verdrängt hatte: Ich kann nicht mehr so tun, als wäre das noch mein Leben. Ich bin nicht mehr die Frau, die das hier erfüllt. Und wenn ich bleibe, verliere ich den letzten Teil von mir, der noch echt ist.

Ich schloss die Augen. Und dann kamen sie, die Bilder. Von früher. Von mir, laut lachend, tanzend, träumend. Von mir, wie ich mich verliebt hatte. In das Leben. In Möglichkeiten. In meinen Mann. Von mir, wie ich in Gesprächen versank und nicht auf die Uhr sah. Wie ich Stunden in Gedanken verbrachte, wie ich schrieb, dachte, fragte.

Wo war diese Frau geblieben?

Ich wusste, dass ich sie nicht mehr auf später verschieben konnte. Ich musste sie zurückholen – oder mich verlieren. Es war keine Entscheidung gegen jemanden. Es war eine Entscheidung für mich. Und sie fiel in einem Moment, der nach außen völlig banal wirkte. Aber innerlich war er wie ein Riss durch alles, was ich vorher geglaubt hatte.

Ich fuhr nach Hause, setzte mich an den Küchentisch, die Hände zitterten. Ich schrieb eine Nachricht:

"Ich glaube, ich muss mich verändern. Weil ich sonst niemandem mehr gerecht werde – am wenigsten mir selbst."

Ich schickte sie nicht. Aber ich hatte sie geschrieben. Und damit war etwas in Bewegung.

Am Abend saßen wir nebeneinander auf dem Sofa. Die Kinder schliefen. Er zeigte mir ein Video von einem neuen Projekt, das ihn beschäftigte. Ich nickte. Lächelte. Aber ich war nicht da. Nicht mehr.

Später, als er eingeschlafen war, holte ich mein Tagebuch. Ich schrieb:

"Ich werde gehen. Vielleicht nicht morgen. Vielleicht nicht nächste Woche. Aber ich werde. Weil ich mich selbst sonst verliere."

Es war das erste Mal, dass ich mir das eingestand. Ohne Drama. Ohne Wut. Nur mit Klarheit.

In den nächsten Tagen beobachtete ich mein Leben wie durch ein Brennglas. Die gewohnten Abläufe, die Worte, die ich sprach, die Dinge, die ich tat. Und ich spürte: Ich spiele eine Rolle. Eine Rolle, die ich so lange gespielt hatte, dass sie mir irgendwann zu eng geworden war.

Ich war müde. Nicht körperlich. Sondern seelisch. Müde vom Anpassen. Vom Erklären. Vom Aushalten. Ich wollte nicht mehr aushalten. Ich wollte leben.

Und ich weinte. Und zum ersten Mal war es kein verzweifeltes Weinen. Es war das Weinen einer Frau, die sich selbst langsam wieder in den Arm nahm.

Ich begann, Gespräche zu führen. Kleine, tastende. Ich sagte Sätze wie: "Ich brauche Raum." Oder: "Ich merke, dass ich mich verliere." Noch nicht: "Ich will gehen." Noch nicht: "Ich liebe dich nicht mehr." Aber ehrlicher als alles, was ich davor gesagt hatte.

Mein Mann hörte zu. Schweigend. Manchmal verletzt. Manchmal wütend. Aber auch: respektvoll. Vielleicht wusste auch er längst, dass etwas zerbrochen war, das sich nicht mehr kitten ließ.

Ich fuhr weg. Ein Wochenende allein mit den Kindern und meinen Eltern. Ich brauchte Abstand. Ich fuhr in die Berge wandern. Und ich schrieb:

"Ich muss nicht alles lösen. Ich muss nur ehrlich bleiben. Das ist meine einzige Aufgabe jetzt."

Ich las diese Zeilen immer wieder. Und ich wusste: Der Moment, der alles verändert, ist selten laut. Er ist still. Und er fragt nur eines: Bist du bereit, dich selbst zu retten?

Ich war bereit.

Ich begann, Pläne zu machen. Keine großen. Kleine Schritte. Ich überlegte, wie ich das Haus, das eigentlich mir gehörte, neu für mich gestalten konnte. Einen Ort schaffen, an dem ich wieder atmen konnte. Ich sprach mit meiner Mutter. Mit einer engen Freundin. Und immer wieder mit mir selbst.

Ich erkannte: Es gibt keinen perfekten Zeitpunkt. Kein ideales Szenario. Nur den Mut, aufzuhören zu lügen. Gegenüber anderen. Gegenüber sich selbst. Ich wollte nicht zurück. Ich wollte nach vorn. Auch wenn ich nicht wusste, was kommt.

Denn das, was zählte, war klar:

Ich. Mein Leben. Mein Herz. Meine Wahrheit.

Und sie wartete nicht mehr länger auf später.

📘 Reflexionsfragen

- Was weißt du schon lange – aber traust dich noch nicht, es auszusprechen?
- In welchem Moment hast du gespürt, dass etwas zu Ende geht?
- Was bedeutet für dich: ehrlich leben?

✦ Mini-Impuls: Deine stille Entscheidung

Heute: Schreib einen Satz, den du bisher nicht zugelassen hast. Vielleicht „Ich will gehen." Vielleicht „Ich will bleiben, aber anders." Vielleicht „Ich weiß noch nicht." Lass ihn stehen. Ohne Lösung. Es reicht, dass er da ist.

KAPITEL 12:
Zwischen Abschied und Anfang

Ich hatte noch nichts ausgesprochen. Kein finales Wort. Kein Ultimatum. Kein Koffer stand gepackt im Flur. Und doch war alles anders. Denn innerlich war ich gegangen. Nicht aus Trotz. Nicht aus Überdruss. Sondern aus der schlichten, schmerzhaften Einsicht: Ich konnte nicht mehr bleiben, ohne mich selbst zu verraten.

Der Alltag lief weiter. Die Schule, der Supermarkt, das Kinderturnen. Ich war da, wie immer. Aber ich beobachtete mich in jeder Geste, in jedem Lächeln, als würde ich überprüfen, ob ich es noch wirklich fühlte. Und viel zu oft war die Antwort: Nein.

Was fehlte mir nur? Es war nicht nur die Liebe – es war das Gesehenwerden. Die Verbindung. Die echten Gespräche. Das gemeinsame Wachsen. Und die tiefe, leise Erkenntnis: Wir waren längst keine Einheit mehr. Nur noch zwei Menschen, die nebeneinanderher lebten, weil sie es so gelernt hatten.

Eines Morgens, beim Frühstück, fragte er mich: „Bist du okay?" Ich wollte sagen: „Nein." Ich wollte sagen: „Ich bin erschöpft von uns." Ich wollte sagen: „Ich glaube, ich bin schon längst woanders." Aber ich sagte nur: „Ich bin müde." Und das stimmte ja auch. Nur auf eine andere Weise.

Es war nicht mehr einfach. Mein Mann wollte hören, dass ich mich verliebt hatte. Und bei jeder Gelegenheit warf er es mir vor. Drängte mich, es zuzugeben. Schrie mich an. Und ständig dieser vorwurfsvoll Blick, den er mir zu warf. Das alles brachte mich ihm aber nicht wieder näher – im Gegenteil.

Ich traf mich mit einer Freundin. Wir saßen in einem Café, redeten über Bücher, über Kinder, über Müdigkeit. Und dann, plötzlich, sagte ich es laut:

„Ich glaube, ich bin bereit zu gehen."

Sie schwieg erst. Dann legte sie ihre Hand auf meine. Und sie sagte:

„Dann geh. Und wenn du nicht gehst, dann geh wenigstens zurück zu dir."

Das traf mich. Weil ich wusste: Der erste Weg, den ich gehen musste, war nicht nach draußen. Sondern nach innen. Zu mir.

Ich schrieb ihm. Dem einen, der mich gesehen hatte in dieser ganzen Verwirrung.

„Mir fehlen unsere Gespräche. Unsere Treffen. Unsere Nähe. Und doch verletzt es mich, dich zu sehen."

Er antwortete:

„Ich weiß. Und ich verstehe es. Du fehlst mir auch, denn es war – es ist – echt zwischen uns. Aber ich bin ebenfalls noch nicht bereit, zu gehen."

Diese Worte gaben mir keine Antwort. Aber sie gaben mir Kraft. Die Kraft, weiterzugehen – auch ohne zu wissen, wohin genau.

Ich begann, mein Leben leise zu sortieren. Stück für Stück. Ich stellte Fragen: Was nehme ich mit? Was lasse ich zurück? Was schulde ich meinen Kindern – und was schulde ich mir selbst?

Ich sprach mit meinem Mann. Zum ersten Mal ehrlich. Ich sagte: „Ich weiß nicht, ob ich dich noch liebe. Aber ich weiß, dass ich mich selbst kaum noch spüre." Und er sagte nichts. Er senkte den Blick. Und ich wusste, dass auch er es längst gespürt hatte.

Die Tage danach waren voller Stille. Kein Streit. Keine Vorwürfe. Nur dieses stille Einverständnis, dass wir an einem Punkt angekommen waren, an dem Liebe allein nicht mehr reichte.

Ich schrieb wieder an mich selbst:

„Es tut weh, zu gehen. Aber es tut mehr weh, zu bleiben. Und das ist die Wahrheit, die ich tragen muss."

Ich begann zu planen. Nicht heimlich. Aber auch nicht hektisch. Ich klärte Fragen, sammelte Kraft, sprach mit Menschen, die mir Halt gaben. Und je konkreter es wurde, desto klarer wurde mir: Ich verliere nicht nur etwas. Ich gewinne auch etwas zurück. Mich.

Ich stand an einem Samstagmorgen mit einer Tasse Kaffee am Fenster. Die Sonne fiel auf den Boden. Die Kinder spielten im Wohnzimmer. Und ich wusste: Es wird nie den perfekten Moment geben. Aber es gibt diesen. Und er reicht.

Ich ging zu ihm. Sagte: „Wir müssen reden." Und ich sagte alles. Leise. Ruhig. Nicht als Angriff. Sondern als Abschied. Von einer Illusion. Von einem Leben, das nicht mehr meins war.

Er weinte. Ich auch. Aber da war kein Hass. Nur Trauer. Und ein letzter Versuch, das zu ehren, was wir einmal hatten.

Ich sagte ihm, dass ich Raum brauche. Dass ich meinen eigenen Platz wiederfinden will. Und dass es jetzt an ihm ist, zu gehen. Er nickte. Still. Ohne Widerstand. Und in diesem Nicken lag eine leise Würde. Vielleicht auch Erleichterung. Vielleicht auch das Eingeständnis, dass er selbst schon wusste, was ich jetzt nur ausgesprochen hatte.

In den Tagen danach bereitete ich mich innerlich vor. Ich richtete Räume um. Ich begann, alte Dinge auszusortieren. Ich sprach mit den Kindern. Nicht mit Angst, nicht mit Druck – sondern mit Klarheit. Ich sagte: „Es wird sich etwas verändern. Aber ihr bleibt geliebt. Von uns beiden."

Und ich atmete. Ganz langsam. Mit zitternden Schritten. Mit Pausen. Mit Rückfällen. Aber ich ging. Ich blieb. Ich wuchs.

Und irgendwann, eines Abends, saß ich wieder am Fenster. Dieselbe Tasse. Dieselbe Frau – und doch eine andere. Ich hörte die Kinder lachen. Und ich wusste: Der Abschied war echt. Aber der Anfang war es auch.

Reflexionsfragen

- Was würdest du loslassen, wenn du wüsstest, du darfst dich dabei selbst behalten?
- Wo brauchst du Abschied, um einen echten Anfang zu ermöglichen?
- Was bedeutet Freiheit für dich – in deinem Herzen, nicht auf dem Papier?

Mini-Impuls: Dein nächster Schritt

Heute: Geh einen symbolischen Schritt. Schreib etwas auf. Räum etwas weg. Triff eine Entscheidung – für dich. Auch wenn sie niemand sieht. Du wirst sie spüren.

KAPITEL 13:
In der Zwischenzeit leben lernen

Es gibt diesen Moment, in dem du nicht mehr weißt, ob du gerade etwas verlierst – oder dich selbst wiederfindest. Einen Punkt, an dem das Alte nicht mehr trägt und das Neue noch nicht greifbar ist. Und du dazwischenstehst. Mit zitternden Händen. Und einem Herzen, das sich fragt:

War das jetzt der Anfang – oder das Ende?

Ich stand an genau diesem Punkt. Ich hatte mich geöffnet. Nicht nur für einen anderen Menschen, sondern für mich selbst. Für eine Sehnsucht, die ich lange weggeschoben hatte. Für Fragen, die ich mir nie laut gestellt hatte. Für Gefühle, die ich nicht mehr unter Kontrolle bringen konnte. Ich hatte mich gezeigt.

Nackt, ehrlich, verletzlich. Und damit auch: angreifbar.

Mein Mann bemerkte die Veränderung – und reagierte mit Schweigen. Mit Vorwürfen, wenn ich sprach. Mit Rückzug, wenn ich versuchte, Nähe zu finden. Ich habe lange versucht, ihn noch zu erreichen. Aber irgendwann konnte ich nicht mehr. Nicht seine Kälte. Nicht das Schweigen. Nicht das Gefühl, mich in einer Beziehung zu verlieren, die mich nicht mehr sieht. Also bat ich ihn zu gehen. Nicht aus Trotz. Sondern weil ich wusste: *Ich zerbreche, wenn ich bleibe.*

Und er ging.

Die Kinder nahmen es stiller auf, als ich befürchtet hatte. Kinder spüren, wenn etwas echt ist. Sie brauchen keine perfekten Erklärungen. Nur echte Nähe. Und ich war ihnen nun näher als jemals zuvor. Auf meine Weise. Und sie kamen zu mir. Immer wieder. Mit Fragen. Mit Tränen. Mit Lachen. Und sie sahen, dass Papa nicht verschwunden war – nur woanders schlief.

Einmal fragte meine Tochter: „Bist du jetzt glücklicher?"

Und ich sagte: „Ich bin ehrlicher. Und das ist ein Anfang."

Erst da entstand der Raum, der mich wieder atmen ließ. Und in diesem Raum – da erinnerte ich mich.

An ihn.

Meinen Kollegen.

Den Mann, der mich berührt hatte. Nicht nur körperlich – viel tiefer. Der mir das Gefühl gegeben hatte, dass ich wieder Ich sein durfte. Dass ich schön war. Interessant. Klug. Lebendig.

Ich entschied mich. Für mich. Für ein Leben, das sich wieder nach mir anfühlt. Ich beendete meine Ehe. Nicht über Nacht. Nicht unüberlegt. Sondern mit aller Aufrichtigkeit, die ich aufbringen konnte. Ich riskierte alles. Für das, was sich für mich echt anfühlte. Für die Wahrheit, die ich nicht mehr wegdrücken konnte.

Ich sagte meinem Kollegen, dass ich bereit war. Bereit, mit ihm zu gehen. Dass ich mich entschieden hatte. Für ein neues Kapitel. Für eine Zukunft. Mit ihm. Aber er tat es nicht. Er blieb. Bei seiner Frau.

„Ich bin es ihr schuldig, ihr noch eine Chance zu geben", schrieb er.

Ich starrte auf diese Zeile. Immer wieder. Und obwohl ich seine Loyalität verstand – sie brach mich. Ich hatte gehofft. Ich hatte alles auf eine Karte gesetzt. Ich hatte mein Leben verändert – und er blieb im Alten. Er sagte mir, er sei nicht verliebt. Und doch schrieb er mir Sätze, die kein Mensch schreibt, der nicht fühlt. Die nach Liebe rochen. Nach Nähe. Nach Schmerz.

Ich fragte mich:

Lügt er?

Oder hat er sich selbst verloren?

Oder war es am Ende ganz einfach:

Er hatte Angst. Und ich war zu viel.

In den darauffolgenden Tagen rief er mich immer wieder an. Einfach nur reden. Doch er suchte meine Nähe. Ich wusste, er vermisste mich. Unsere Gespräche. Mein Lachen. Meine Berührungen. Die Gefühle, die wir füreinander hatten. Und doch fragte ich mich immer wieder:

Warum jetzt? Warum erst, wenn ich längst gefallen bin?
Warum sagt er das – aber bleibt?

Ich antwortete nicht sofort. Ich brauchte Raum. Für mich. Um nicht zu zerbrechen. Ich ging viel laufen. Allein. Ich ließ die Kälte der Luft gegen mein Gesicht schlagen, atmete tief. Ich saß auf Parkbänken, sah aufs Wasser, suchte nach mir.

Und da wusste ich:

Ich würde nicht länger um jemanden kämpfen, der nicht geht. Ich wollte keine halbe Liebe. Keine vorsichtige Nähe. Ich wollte alles – oder nichts. Ich schrieb ihm:

„Du hast dich gegen uns entschieden. Dagegen, mich zu lieben und zu leben.
Aber du hast mir gezeigt, dass ich eine Lösung brauche."

Und doch wusste ich: Ich darf da nicht mehr hingehen. Nicht mehr zurück. Denn ich war kein Vielleicht. Ich wollte Klarheit. Ganz oder gar nicht. Und was ich bekam, war ein Schwebezustand. Zärtliche Nachrichten, warme Worte, aber keine Entscheidung. Immer wieder sagte er: „Ich kann nicht. Noch nicht. Ich bin meiner Frau verpflichtet." Doch wie kann jemand, der nichts fühlt, mich mit einem Blick aus der Fassung bringen?

Ich sah ihn im Büro – und alles in mir bebte.

Ich hörte seine Stimme – und meine Welt war heller.

Und trotzdem stand da sein Satz. Klar. Abweisend. Endgültig. Es hat mich verletzt.

Tief.

Es hat mich erschüttert.

Denn dieser Mann hatte mir gezeigt, dass ich eine Frau bin, die geliebt werden kann. Dass ich mehr bin als nur Mutter, Ehefrau, Managerin des Alltags.

Und trotzdem war ich am Ende nicht genug.

Ich weiß, dass er mich liebt. Irgendwie. Auf seine Weise. Aber es reicht nicht. Nicht mehr. Denn ich habe mich gewählt. Und das ist keine Flucht. Das ist Freiheit. Ich begann zu träumen. Nicht mehr von ihm – sondern von mir. Von einem Leben, das leicht sein durfte. In dem ich nicht jeden Atemzug rechtfertigen musste. In dem ich morgens aufwache und nicht sofort die Kontrolle spüre, sondern erst einmal mich.

Ich schrieb wieder Tagebuch, jeden Morgen nur drei Zeilen:

Was fühle ich?

Was brauche ich?

Was gebe ich mir heute?

Und diese drei Zeilen reichten, um mich wieder zu verankern. Ich schrieb sie mit einem neuen Stift, in ein Notizbuch, das ich mir bewusst gekauft hatte – weil ich wusste:

Meine Geschichte verdient einen schönen Rahmen.

📖 Reflexionsfragen

- Welche Entscheidung hast du vielleicht längst getroffen – nur noch nicht ausgesprochen?
- In welchen Momenten spürst du, dass du dich selbst verlierst, um jemand anderem gerecht zu werden?
- Was würde es bedeuten, dich selbst zu wählen – nicht gegen andere, sondern für dich?

✦ Mini-Impuls: Deine Zwischenzeit

Wenn du gerade zwischen Abschied und Anfang stehst: Halte inne. Du musst nichts sofort wissen. Manchmal ist die Zwischenzeit nicht das Warten auf das Leben – sondern das stille Erinnern daran, wer du bist. Schreib dir heute einen Satz auf, der dich daran erinnert. Nicht, wo du hinwillst. Sondern wo du gerade stehst. Und dass das – genau jetzt – genug ist.

LETZTES KAPITEL:
Und jetzt: DU.

Wenn du bis hierher gelesen hast, dann hast du vielleicht nicht nur meine Geschichte begleitet – sondern auch deine ein Stück weit mitgeschrieben. Vielleicht hast du zwischen den Zeilen etwas gefunden, das in dir nachklingt. Ein Echo. Eine Erinnerung. Einen Ruf.

Ich habe dieses Buch nicht geschrieben, weil ich angekommen bin. Ich habe es geschrieben, weil ich unterwegs bin – und weil ich weiß, dass es Mut braucht, überhaupt loszugehen.

Manchmal beginnen Veränderungen nicht mit einem Plan, sondern mit einem Gefühl. Einer leisen Unruhe. Einer kleinen Frage:

War das alles?

Oder: Bin das noch ich?

Wenn du sie kennst, diese Frage – dann weißt du, wie viel Kraft es kostet, ihr nicht mehr auszuweichen. Es ist ein langsames Erwachen. Kein

Knall. Kein Hollywood-Moment. Sondern du. Mitten im Leben. Mitten im Zweifel. Und vielleicht mitten in einer Chance.

Ich wünsche dir, dass du dich nicht mehr vertrösten musst. Dass du aufhörst, dich kleinzureden oder zurückzuhalten. Dass du beginnst, dich selbst wieder zu hören – nicht nur die Stimmen von außen.

Du darfst laut sein. Oder leise. Du darfst zweifeln. Oder springen. Du darfst stolpern. Und trotzdem weitergehen.

Ich wünsche dir Begegnungen, die dich erinnern. Orte, die dich atmen lassen. Und Worte, die dich anfeuern, wenn du dich selbst nicht hörst.

Dieses Buch endet hier. Aber deine Geschichte beginnt vielleicht gerade erst. Oder sie beginnt neu. Oder sie geht weiter – bewusster, echter, näher bei dir.

Was auch immer du mitnimmst – nimm dich mit.
Ich danke dir fürs Mitgehen. Fürs Mitzweifeln. Fürs Mitfühlen.
Und ich glaube an dich.
Auch, wenn du es gerade nicht tust. Vor allem dann.

Von Herz zu Herz,
Lina.

BONUS KAPITEL:
Was dir jetzt helfen kann

Du hast viel gelesen. Viel gefühlt. Vielleicht auch viel erinnert. Und vielleicht fragst du dich jetzt: Und was nun?

Hier findest du ein paar leise, ehrliche Schritte, die dich in deinem Alltag begleiten können. Kein Muss. Kein Plan. Nur Möglichkeiten – für dich.

📖 Dein Ich-Buch:

Kauf dir ein Notizbuch, das du magst.

- Schreib täglich drei Zeilen:
- Was fühle ich heute?
- Was brauche ich?
- Was schenke ich mir? Es dauert drei Minuten. Aber es verändert deine Haltung zu dir?

Die eine Stunde nur für dich:

Trage dir wöchentlich eine Stunde in den Kalender ein. Nur du. Kein Zweck, kein To-do. Lies, geh spazieren, tanze. Hauptsache: Es ist deine Zeit.

Die Ja-Nein-Liste:

Mach zwei Spalten. Links: Wofür sage ich Ja? Rechts: Wozu will ich Nein sagen? Ehrlich. Ohne Bewertung. Nur für dich.

Deine Erinnermich-Sätze:

Wähle einen Satz, der dich stärkt. Schreib ihn auf, häng ihn sichtbar auf – am Spiegel, am Kühlschrank, im Handy-Hintergrund. Zum Beispiel: „Ich darf echt sein. Auch wenn es unbequem ist." „Ich verliere mich nicht mehr für Frieden."

Beweg dich zurück zu dir:

Wenn du dich verloren fühlst, geh. Fünf Minuten. Raus. In die Natur, in die Stadt, egal. Bewegung hilft dem Herzen beim Sortieren.

Hol dir eine Verbündete:

Such dir eine Person, die dich ehrlich kennt. Vereinbart einen „Mut-Check-in" – einmal pro Woche zehn Minuten. Nur zuhören. Nur echt sein.

Nichts ist zu klein, um heilsam zu sein:

Ein Tee, ein Lied, ein Sonnenstrahl auf der Haut. Wenn du heute nur das schaffst: Es reicht. Du darfst langsam wachsen.